エピソード・名言で綴る

中学・高等学校長講話100

山中伸之 著

明治図書

イントロダクション

短く、印象的な講話で、生徒の心を整えよう

1 エピソードを語る意義

校長先生の講話は、多くの学校で定期的に行われます。生徒にとって校長先生の講話は「見慣れた景色」でしょう。そうなると、徐々に新鮮味も薄くなり、生徒の関心も下がっていきます。

しかし、そんな「見慣れた景色」である校長先生の講話が、生徒たちから、「今日は校長先生はどんな話をしてくれるのだろう。楽しみだ」と思われるようになったらどうでしょうか。

生徒は校長先生に親近感を覚え、校長先生の存在をより身近に感じるようになり、ますます校長先生の講話を楽しみにするようになるでしょう。そして、そのことは、校長先生が目指す学校経営や学級担任の学級経営、生徒指導などを支える、大きな力になるに違いありません。

では、校長先生の講話が、生徒たちから心待ちにされるようになるためには、どうすればよいのでしょうか。

その1つの方法が「エピソード」を語ることではないかと思います。

なぜなら、エピソードを語ることには、次のようなよさがあるからです。

1　わかりやすい…具体的なイメージがわきやすく、生徒が講話の内容を理解しやすくなります。

2　興味を引きやすい…内容が理解しやすいため、生徒の興味を引きやすくなります。

3　思いを伝えやすい…生徒が興味をもって聞くので、校長先生の思いを伝えやすくなります。

4　生徒の心に響く…感情移入しやすくなるため、生徒の心に響きやすくなります。

5　記憶に残りやすい…具体的な内容は記憶に残りやすく、校長先生の思いが長く留まります。

このように、エピソードを語ることによって、生徒たちに校長先生の思いのこもった、生きた教えを伝えることができ、しかも長く生徒の心に留めることができるでしょう。

2　エピソードを語る際に意識したいこと

先に述べたように、エピソードを語ることには多くのよさがあります。エピソードそのものに、生徒の心に訴えかける力があるからです。

ですから、エピソードを語るだけでも、校長先生の思いを生徒に伝えることができるでしょう。

しかし、生徒も千差万別です。聞くことが得意な生徒もいれば、不得意な生徒もいます。野球に興味のある生徒もいれば、ピアノの演奏が好きな生徒もいるでしょう。生徒全員が、同じ話に同じように関心をもつとは限りません。

そのような多くの個性の集まった生徒たちに向かって話すのですから、エピソードの内容が、より確かに、より効果的に伝わるようにするためには、少しの工夫が必要になります。

そこで、エピソードを語るうえでのちょっとした技術について、校長先生にとっては釈迦に説法だとは思いますが、いくつかあげてみたいと思います。

校長先生自身の思いを込める

まず、1つ目は「校長先生自身の思いを込める」ということです。

あまりにも当たり前のことですが、「このことを何が何でも生徒にわかってもらいたい」という強い気持ちをもって語ることで、言葉に力が加わり、生徒に伝わりやすくなります。

また、エピソードに登場する人物の言葉を会話調で話す際にも、変に言い回しを意識するよりも、その人物がその言葉を発した際の状況や気持ちを想像し、その人物になりきって語ることで、自ずとその言葉に適した言い方になっていくものです。

ということで、まず、思いを込めるということを意識されるとよいでしょう。

ジェスチャーを用いる

2つ目は「ジェスチャーを用いる」ということです。エピソードを語る際に、ジェスチャーはかなり有効です。

一般にジェスチャーには次のような効果があります。

1　聞き手の関心を引く…視覚的な刺激によって、聞き手の関心を引き注目させます。

2　伝えたい内容を強調する…ジェスチャーによって、話している部分を強調することができます。

3　わかりやすくする…ジェスチャーで内容を説明したり、区切りを表したりすることができます。

4　感情を伝える…自分の感情をジェスチャーに乗せることで、聞き手に伝わりやすくなります。

このように、ジェスチャーによって話の内容をより効果的に伝えることができます。ぜひ、ジェスチャーも交えてエピソードを語りたいものです。

ところで、ジェスチャーを行う際に、気をつけるとよいことが3つあります。

1　片手だけを動かすのは控える（規則性が感じられず、感情的というイメージを聞き手に与え、信頼性が高まらないそうです）

2　左右対称の動きをする（意図的で規則的な動きに、聞き手は信頼感を覚えるそうです）

3　大きく動かし過ぎない（大げさに見えてしまうので、胸の前に1辺が肩幅程度の正方形を想定し、その中で動かすとよい感じになるそうです）

（参考文献：矢野香（2022）『最強リーダーの「話す力」』ディスカヴァー・トゥエンティワン）

ものを準備する

3つ目は「ものを準備する」ということです。

実は、エピソードを語っても、なかなか生徒に理解されないことがあります。

理由は、生徒によってはエピソードの中に出てくる言葉の意味がわからなかったり、その人物について知らなかったり、ものや場所について知らなかったりするためです。

これではせっかくのエピソードの内容も、校長先生の思いも伝わりません。

このようなことを少なくするために、必要に応じて説明用の小物を準備するとよいでしょう。具体的には、次のようなものです。

・写真
・実物
・文字カード
・映像

このような小物を使って補足説明をすることで、より具体的に、より視覚的に、生徒にエピソードを伝えることができます。

具体例は生徒の身近なものにする

わかりにくい言葉や状況を説明するには、小物を使う他にも、具体例をあげる方法があります。

例えば、「初心に帰る」という言葉の説明をする場合、ピアノの練習などを例にあげて「習い始めたころの素直な気持ちになってもう一度取り組んでみることだ」と説明したりします。

この具体例にも、効果的なものとそうではないものがあります。

効果的なのは、生徒にとって身近に感じられるものです。身近なものの方が、生徒にもわかりやすく関心も高いからです。

例えば、生徒全員が共通理解している学校行事とか、生徒のほとんどがイメージすることができる部活動や授業、定期テストなど、学校生活に関するものがよいでしょう。ただし、個人が特定できるものを例にあげる場合は慎重に行います。

その他に、校長先生自身の中学生時代の体験を例にするのも、生徒の関心が高まるので効果的です。

3 校長先生の授業として語る

校長先生が学級で生徒に授業をすることは、通常は行われません。ということは、校長先生の思いを生徒に伝える場は、校長講話を除くと、ほとんどないということになります。

そういう意味では、校長講話は貴重な授業の機会とも言えます。そこで、講話を校長先生の特別授業と位置づけて、授業形式で行うことも、生徒の心を耕すために有効なのではないでしょうか。

本書で紹介しているエピソードの中には、人生の岐路に立たされた人、困難を前に悩んだ人、努力を続けた人、発想を変えて乗り切った人など、いろいろな人々が登場します。

それらの人々の心情を思いやったり、迷いに共感したり、どちらを選択するかを考えさせたりすることは、道徳教育の一環としても意義のあることではないかと思います。生徒自身にとっても、自己の生き方を考えたり、人間としての在り方に思いを馳せたりするよい機会になるでしょう。

校長講話の時間はどんなに長くても10分程度だと思いますが、段取りよく進めれば、数名の生徒に発言をしてもらうことも可能です。

授業形式で行うことで、生徒自身も考えることになり、より生徒の心に残る講話となります。

4 生徒の感想を募集する

講話についての感想を募集することで、生徒はもう一度講話と向き合うことになり、校長先生の思いも伝わりやすくなるでしょう。

対応が大変ですから、希望する生徒だけに書いてもらうことにします。感想は、本人の許可があれば校内放送などで紹介します（名前を伏せてもよいでしょう）。


他の生徒も、感想を聞くことでもう一度講話と向き合うことになり、効果的です。

生徒にとって、校長先生はいつでも特別な存在です。

特別な存在である校長先生の講話ですから、長く生徒の心に残り、生活の指針となっていくものと思います。

印象的な講話で、ぜひ生徒の心を整えていってください。

目次

5 May

3 March

エピソード・名言で綴る

中学・高等学校長講話100

出会い

偶然には変化を起こす力がある

新しい学年になり、新しい学級になりました。

今、皆さんの学級には、およそ30人の仲間がいます。

その仲間の中には、部活動が同じだとか去年も同じ学級だったとかで、よく知っている人もいるでしょう。

反対に、はじめて同じ学級になったので、名前くらいしか知らないという人もいることでしょう。

そういう仲間たちが、偶然、1つの学級に集ったわけです。

以前から知っている仲間だとしても、今年同じ学級になるかどうかはわからなかったわけです。同じ学級にならなかったかもしれません。

そういう意味では、以前からよく知っている仲間でも、偶然ここで出会ったと言うことができるのではないかと思います。


ところで、皆さんは「偶然」ということに、ある力があることを知っていますか。

□**ねらい**
偶然の出会いを生かすことの大切さを伝える。

■**ポイント**
不安を感じている生徒もいるので、共感する気持ちで語ります。

偶然によって大きな変化が起こることがあるということです。

1980年代につくられた『戦場のメリークリスマス』という映画があります。国際的にも、とても評価されている作品です。

この作品には、ビートたけしさんや坂本龍一さん、デヴィッド・ボウイさんなどが出演して、すばらしい演技をしました。

しかし、実はこの人たちは、最初から出演が決まっていたのではなく、全員が代役だったのです。

監督が最初思い描いていた俳優さんたちが全員、都合がつかなかったり、出演を断ったりして、この3人が出演したのです。

言うなれば、偶然出会ってつくられた映画だったのです。

このようなエピソードを聞くと、偶然によって何かが生まれるものだということがよくわかると思います。

皆さんの学級に集った30人も、偶然に出会った仲間です。

この偶然の出会いを大いに生かして、すばらしい友情を育て、協力して大きな力にしていきましょう。

■**ポイント**

生徒の関心を高めるため、映画の画像などがあるとさらによいでしょう。

【参考文献】

・原正人、本間寛子『映画プロデューサーが語るヒットの哲学』（日経BP）

目標

目標を可視化する

目標をもつことが大事だとよく言われますが、ただもてばよいのではありません。その目標が具体的であることが大切なのです。

なぜでしょうか。

まず、具体的な目標があると、**自分が何をすればよいのかがはっきりするから**です。

例えば、「勉強をがんばる」という目標よりも、「毎日1時間、数学の問題集を解く」という目標の方が具体的で、何をすればよいかがわかりやすくなります。

また、目標が具体的ならば、**達成感も得やすくなるから**です。

例えば、「テストでよい点を取る」という目標よりも、「次のテストで数学の点数を10点上げる」という目標の方が、達成感がはっきりして喜びも大きくなります。

さらに、具体的な目標をもつことで、**自分の進歩を確認しやすくなるから**です。

具体的な目標を立てると、その達成度をチェックしやすくなり、モチベーションも維持しやすくなります。

□**ねらい**

具体的な目標を決めることを勧める。

■**ポイント**

さらに具体例をあげると、生徒もイメージしやすいでしょう。

具体的な目標を立てるためには、まず、目標を「いつ」「何を」「どのくらい」といった要素で考えてみるとよいでしょう。

別の言葉で言えば、「見える目標にする」ということです。「目標を可視化する」とも言います。

パナソニックの専務だった鍛冶舎巧（かじしゃたくみ）さんは、監督としての手腕を買われ、熊本県の高校の野球部の監督に招かれました。

当時、その高校は10年以上甲子園に出られていませんでした。鍛冶舎さんは、選手に最初に長靴を買うように言ったそうです。この高校のグラウンドは水はけが悪く、雨が降ると練習は休みでしたが、これからは雨が降っても練習をするということを「長靴」で具体的に伝えたのです。この高校はその後の3年間で、甲子園3季連続ベスト4の成績を上げました。

鍛冶舎さんの「長靴」は、それくらい本気で練習をするということを可視化したものなのです。

皆さんも、自分の目標を具体的に設定してみてください。具体的な目標をもつことで、皆さんの努力が実を結び、すばらしい成果が得られることを期待しています。

■ポイント

野球を知らない生徒のために、野球の練習についての説明を加えるとよいでしょう。

【参考文献】

・鍛冶舎巧『そこそこやるか、そこまでやるか』（毎日新聞出版）

計画、見通し

見通しは、やってから立ててもいい

新しい学年が始まりましたね。

これから1年間、皆さんには、新しいことがたくさん待っていると思います。

これからの1年間を有意義に過ごすために、1年間を見通しておくとよいかもしれません。

見通しを立てるとよい理由は、これからどうなるのかを予測することで、何にどれくらいの時間をかけるか、何を準備したらよいかなどを考えることができるからです。

例えば、勉強に関しては、どのような学習内容か、テストの時期はいつかなどを確認しておくと、どの科目にどれくらいの時間をかけるかや、いつごろから準備をすればよいかを考えることができます。部活動も同様でしょう。

ただし、見通しを立てることだけがすべてではありません。

実際に行動してみてから見通しを立てることも有効です。最初から完璧な計画を立てることは難しいので、まずは行動してみて、そこで得た経験を基に見通しを修正するという

□**ねらい**

見通しの立て方を意識させる。

■**ポイント**

自身の体験などを具体的に語るとよいでしょう。

アプローチも役立ちます。

これは、東京大学の教授であり、熊本県知事でもあった蒲島郁夫さんの話ですが、蒲島さんは、若いときに農協職員を辞めてアメリカに渡り、農業研修を受けました。

オレゴン州やアイダホ州の農場に派遣され、15か月間、地獄のような苦しい実地研修を行いました。

その後、ネブラスカ大学で学科研修に入りますが、そのとき、あの苦しかった実地研修の意味がよくわかったそうです。

蒲島さんは見通しがもてずに、いきなり実地研修に入ったわけですが、その方が後で理論を知ったときによりよく理解できたということです。

あらかじめ見通しを立てて臨むことも有効ですが、このように、**見通しを立てずにまず実践してみて、それから考える、という方法にもよい面があります。**

これから新しい年度が始まりますが、見通しを立てられる人は、1年間の目標や計画をしっかり立ててみるとよいでしょう。

それが苦手だという人は、まずは挑戦してみて、その結果を見ながら計画を立てればよいでしょう。

どちらにしても、前向きに進んでいきましょう。

■**ポイント**

実地研修の苦しさに焦点を当て過ぎないようにします。

【参考文献】

・蒲島郁夫『逆境の中にこそ夢がある』（講談社）

発信、前向きさ

好きなことを話すと、前向きになれる

皆さんに質問です。

皆さんは、自分の好きなことや趣味について、友だちにどれくらい話していますか。

自分の好きなことを他の人に話してわかってもらえると、よいことがたくさんあります。

例えば、絵をかくのが好きだとしましょう。

その人が自分の作品を友だちに見せたり話したりすることで、その人たちから感想をもらって技術を向上させることができます。

また自分の作品が友だちに喜ばれて、うれしさを味わうこともできます。

さらに、絵をかくことに興味をもつ人々と仲良くなることができます。その友だちと一緒に絵をかいたり、情報交換をしたりすることで、さらに楽しい時間を過ごすことができるでしょう。

しかし、好きなことを友だちに話すことの一番よいところは、**自分が前向きになれる**ということです。

□**ねらい**

前向きに生活することを呼びかける。

■**ポイント**

生徒にわかりやすい例があればつけ加えます。

自分の好きなことに集中することで、ストレスや不安を忘れることができ、毎日の生活がより充実したものになります。

友だちとの話題も増えますし、自分の努力が実を結んだとき、達成感や自信を感じることもできます。

ヒロシさんというお笑い芸人さんがいます。

一時、大ブレークをしたのですが、だんだんと売れなくなり、テレビに出ることもなくなりました。ところがその後、YouTubeの「ヒロシちゃんねる」が話題になり、再び仕事が増えました。

ヒロシさんは、自分の趣味のソロキャンプを仲間に見せたくてYouTubeにアップしただけでしたが、それが人気になりました。今では、自分の好きなことなので、以前よりも気持ちよく仕事ができているそうで、編集や機材にも力を入れるようになったそうです。

ヒロシさんは、自分の趣味を発信することで、仕事にも生活にも前向きに取り組めるようになったのではないかと思います。

皆さんもぜひ、自分の好きなことや趣味を発信してみてください。それによって、**新しい出会いや喜びを味わうことができ、前向きになれる**と思いますよ。

■**ポイント**

映像（動画）があると関心が高まります。

【参考文献】

・ヒロシ『働き方1・9　君も好きなことだけして生きていける』（講談社）

立場と自覚

やりたいことと やるべきこと

桜の花が咲き、新しい学年が始まりました。

新しい学年に進級したことで、皆さんには、新しい学年に応じて、それぞれ新しい責任や役割が生まれますね。今日からは、その自覚をもって、日々の学校生活に取り組んでほしいと思います。

さて、「学年の自覚をもつ」とはどういうことでしょうか。いくつかポイントをあげてみましょう。

1つ目は、**自分の行動が周囲に与える影響を考えること**です。例えば、上級生として下級生の手本となるような行動を心がけることが大切です。

2つ目は、**責任感をもつこと**です。クラスや部活動での役割をしっかり果たし、まわりの人と協力して物事を進めることが求められます。

3つ目は、**目標をもつこと**です。新しい学年でどんなことを達成したいのか、具体的な目標を設定し、それに向かって努力を続けることが大切です。

□**ねらい**
それぞれの学年に応じた自覚をもたせる。

■**ポイント**
ポイントはカードに書いて示したりするとわかりやすいでしょう。

つまり、**「やりたいこと」よりも、「やるべきこと」を考える**ということです。やりたいことばかりに気を取られず、やるべきことを自覚して行動をしましょう。

これはＪＡＬを再建した稲盛和夫さんという方の話です。

あるとき、パイロットの卵が何十人も来て、稲盛さんにいつになったら訓練が始まるのかと訴えたそうです。パイロットになるために入所したのに、なかなか訓練が始まらなかったからです。

これに対して稲盛さんは「パイロットを育てるには多くのお金が要る。ＪＡＬは再建の途上ですぐには無理。まずはＪＡＬ再建のためにがんばれ。あなたたちのためにＪＡＬがあるのではない」という主旨のことを言ったそうです。

訓練をやりたい気持ちはわかるけれど、まず会社を再建するためにやるべきことをやるのが先だということですね。これが、立場の自覚です。

これからの1年間、皆さんには多くの挑戦や学びの機会が待っています。それらを一つひとつ大切にし、自分の成長につなげていきましょう。

特に新しい学年に進級した今、**自分の役割や責任を自覚し、日々の行動に反映させてください。**また、部活動やクラスでの活動も一層充実させ、学校生活をよりよいものにしていきましょう。

■ポイント

稲盛さんの言葉は、重厚な口調で語るとよいでしょう。

【参考文献】

・大田嘉仁『ＪＡＬの奇跡』（致知出版社）

強み、自信

当たり前も自分の強み

新しい学期が始まり、1週間が経ちました。

新しいクラスにも少しずつ慣れてきていると思いますが、まだまだ不安や緊張を感じている人もいると思います。

そんなときには、何か自分の強みが1つでもあると、不安や緊張をやわらげることができるものです。自分の強みを見つけてみましょう。

このような話をすると、中には、「自分には強みは1つもないし、改めて探しても見つからない」という人がいるかもしれません。

でもそれは、もしかしたら見つけ方がよくないのかもしれません。

皆さんは、何か特別にできることが強みだと思っていませんか。

でも実は、**自分では当たり前だと思っていることが、自分の強みだという場合がよくある**のです。

例えば、毎日しっかりと宿題をこなすことが当たり前だと思っているかもしれませんが

□**ねらい**

だれにも強みはあることを自覚させ、自信をもたせる。

■**ポイント**

不安に感じている生徒を優しく励ますような口調で語ります。

それは大きな強みです。

自分では当たり前だと思っていても、他の人にとっては難しいことがあるのです。

新潟県村上市には、城跡や武家屋敷、町屋などが残っていますが、あるとき、町屋には文化的価値が認められないからと、壊されそうになります。

しかし、地元の人たちは、伝統的な町屋建築のお店にやってくるお客さんは、商品だけでなく町屋の建築にも感動していると気づき、お客さんに希望があれば、お店に続く町屋の造りを見学してもらうという活動を始めました。これが話題になり、たくさんの人が訪れるようになったそうです。

地元の人にとっては当たり前で壊してしまおうとまで思われていた町屋が、他の地域の人には興味深いものだったという話です。


こんなふうに、自分では当たり前だと思っていても、実はそれが強みだったということはたくさんあります。**大事なのは、自分の強みを見つけ、それをどう生かしていくかということ**です。

これからの学校生活でも、多くの場面で自分の強みを発揮するチャンスがあります。自分の強みを理解し、自信をもって行動することで、学校生活が楽しくなりますよ。

■ポイント
町屋がわからない生徒のために、写真や図があるとよりよいでしょう。

【参考文献】
・吉川美貴『町屋と人形さまの町おこし』（学芸出版社）

決断、不安の解消

決断して、他のことは忘れる

新しい学年、新しい学級になって、まだ間もないこの時期ですから、いろいろなことにちょっと不安を感じている人もいるかもしれませんね。

そこで今日は、どうすれば不安を減らせるか、一緒に考えてみましょう。

その前に、皆さんに1つ、覚えておいてほしいことがあります。それは、環境が変わるこの時期、不安を感じるのは自然なことだということです。

そのことは忘れないでください。

自分だけが不安を感じていると思う必要はありません。


さて、不安を減らす方法はいくつかあります。

その1つが、「決断をして、他のことは忘れる」というものです。

なぜこの方法が有効なのかというと、決断することで、心がすっきりし、集中しやすくなるからです。

何かを決められずに迷っていると、その迷いが不安を増幅させます。

□**ねらい**
環境の変化に対する不安を解消する。

■**ポイント**
不安を感じるのは特別ではなく普通だという点を強調します。

でも、**一度決めてしまえば、迷う必要がなくなり、そのことに専念できる**のです。

これは、SBIホールディングスの社長をされている北尾吉孝さんという方のお話です。北尾さんのところには、毎日たくさんの相談が寄せられるそうです。でも、北尾さんはそれらの相談の判定を30秒以内で行うそうです。

「成功哲学の祖」と言われるナポレオン・ヒルが調査したところ、失敗の原因のうちの最大のものは「決断力の欠如」だったそうです。巨万の富を築いた人々は、素早い決断力をもっていたそうです。

もちろん、「本当にこれでいいのかな」と思うこともあるでしょう。

でも、大切なのは、一度決めたらその決断に自信をもち、その日は他のことを考えないことです。これにより、心の中の迷いが減り、不安が和らぎます。

不安を感じることは悪いことではありません。しかし、**その不安に飲み込まれてしまわないように、しっかりと決断し、他のことは忘れることが大切**です。

■ポイント

30秒以内で決断するという部分を強調して語ります。

【参考文献】

・横山信治『「運が良くなる人」と「運が悪くなる人」の習慣』（明日香出版社）

人間関係、利他

利他の心をもつ

皆さん、新学期になって3週間が経ちましたが、新しいクラスメイトや新しい環境に少しずつ慣れてきたでしょうか。新しい友だちもできたかもしれませんね。

今日は、その友だちとの関係を深めるということについて考えてみたいと思います。

友だちとの関係を深めるために大切なポイントが3つあります。

まず第一に、**コミュニケーションを大切にすること**です。

友だちとの関係を深めるためには、まず相手とよく話すことが必要です。学校での出来事や趣味、好きなことについて話すことで、お互いのことをよりよく知ることができます。

次に、**共通の活動に参加すること**です。

部活動や委員会活動、学校行事など、共通の活動に参加することで、自然と仲が深まります。一緒に目標に向かってがんばることで、お互いに協力し合い、助け合う機会が増え、絆が深まります。

そして3つ目のポイントが、**利他の心をもつこと**です。

□**ねらい**

人間関係の深め方を伝える。

April 4

利他の心とは、相手のことを思いやり、助ける気持ちです。自分は後回しにして、まず相手のためになることをすることです。利他の心をもっていれば、人間関係が悪くなることはありません。

経営者として納税額日本一になったこともある斎藤一人さんは、お店で食事をしたときに、あまりおいしくなくても、店員さんの態度がよくなくても、そのことを絶対に相手に気づかれないようにするそうです。

そして、お金を払うとき、「ありがとう、おいしかったよ」と言うそうです。すると、不機嫌な顔をしていた店員さんがにこっと笑って、空気が明るくなるそうです。斎藤さんはこれを「わたし流のボランティア」と言うそうですが、これも、自分を後回しにして、まず相手のためになることをする利他の心の1つではないかと思います。

新しい年度が始まり、これから1年間、皆さんはたくさんの経験を積むことになります。その中で、友だちとの関係を深めていくことは、とても大切です。友だちと一緒に学び、楽しみ、支え合いながら、すばらしい学校生活を送ってほしいと思います。

■ポイント

「利他」は生徒にとって耳慣れない言葉なので、漢字も示すとよいでしょう。

■ポイント

ほほえましいエピソードなので、優しく語ります。

【参考文献】

・高津りえ『お金の神様が教えてくれる 人生がどんどん好転する「経済」の授業』（廣済堂出版）

価値観、他者理解

相手を知るとは、その人の価値観を知ること

新しいクラスになり、新しい出会いがありました。

新しい友だちができた人もいるでしょう。

ところで、友だちは自然にできることもありますが、自分から友だちをつくってみることもありますね。

そこで今日は、自分から働きかけて友だちになったり、友だちをつくったりすることについて考えてみたいと思います。

友だちになるためには、まず相手のことをよく知ることが大事です。特に、相手の「価値観」を知ることが必要です。

価値観とは、その人が何を大切にしているのか、何に興味をもっているのかということです。価値観が同じ人とならば、何をしても意見が合いますから、意気投合して友だちにもなりやすいでしょう。また、価値観が多少合わなくても、相手の価値観を尊重して受け入れることで、友だちになれるかもしれません。

□**ねらい**

相手の価値観を知ることの大切さを伝える。

■**ポイント**

やや難しい内容なので、ゆっくり語ります。

これは、LIFULL HOME'Sという住宅情報サイトを運営する会社で働く、羽田幸広さんという方のお話ですが、羽田さんはこの会社に入ってすぐ、社員を採用する仕事をするようになりました。

最初は人手が足りなかったので、どんどん新しい人を採用したところ、会社の価値観と合わない社員が増え、仕事がやりにくくなったそうです。そこで、あるときから採用の方針を、会社の価値観に共感する人だけにし、どんなに優秀な人でも価値観に共感しない人は採用しないことにしたそうです。

そういった取組などもあって、会社の売り上げは12年間で10倍以上にもなったそうです。価値観を知ることが、会社の経営にも大きく役立ったということですね。

友だちをつくるために相手の価値観を知ることは、時間と努力が必要です。しかし、**相手のことを知り、理解しようとする姿勢は、相手にも伝わります。**その結果、信頼関係が生まれ、すばらしい友だちをつくることができるでしょう。

皆さんも、クラスメイトや他の友だちともっと話をして、相手のことを知る努力をしてみてください。そうすれば、きっとすてきな友情が築けるはずです。

【参考文献】
・羽田幸広『日本一働きたい会社のつくりかた』（PHP研究所）

部活動、努力

陰の努力

今日は、皆さんが毎日取り組んでいる部活動について、少し考えてみましょう。

部活動は楽しいことも多いと思いますが、それだけでなく、皆さんの成長にとってもとても重要です。

そこで、部活動に取り組むうえでのポイントをいくつかあげてみます。

まず1つ目のポイントは、**目標をもつこと**です。

目標をもつことで、日々の練習にもやる気が出てきますし、自分の成長を実感しやすくなります。

次に、**仲間と協力すること**です。

困ったときには助け合い、励まし合いながら一緒にがんばることで、チーム全体の力が上がります。また、先輩として後輩をサポートすることも忘れないでくださいね。

そして、3つ目のポイントが、**陰の努力**です。

「陰の努力」とは、他の人に見えないところでがんばることを指します。例えば、家で

□**ねらい**

部活動への取り組み方を考えさせる。

■**ポイント**

部活動に入っていない生徒への配慮もつけ加えるとよいでしょう。

の自主トレーニングや、朝早く起きてのランニングなどです。陰の努力を積み重ねることで、確実に自分の力となり、大きな成果を生むことができます。

プロ野球のジャイアンツで大活躍した長嶋茂雄さんは、現役時代、人気も実力も兼ね備えた名プレーヤーでした。春のキャンプのはじまりは記者たちによる長嶋選手の囲み取材と決まっていたほどです。

ところが、明るく朗らかな取材の後、マスコミがいなくなると、深夜の長嶋選手の部屋から何時間も異様な音が聞こえたそうです。それは、長嶋選手がほとばしる汗をぬぐおうともせずにバットを振り続ける音だったのです。それでも翌朝、記者の質問に長嶋選手は「よく眠れた。春だね」と明るく答えたそうです。

天才と言われた長嶋選手は、練習もよくすることで有名ですが、このような陰の努力もたくさん積み上げていたのだと思います。

もちろん、部活動を楽しむこともとても大事なことです。

辛いことや大変なことも時にはあると思いますが、仲間と一緒にがんばることで得られる喜びや達成感は、何ものにも代えがたいものです。

楽しく真剣に部活動に取り組んでみてください。

■ポイント

耳慣れない言葉が出てくるので、生徒に合わせて補足説明をするとよいでしょう。

【参考文献】

・伊集院静『風の中に立て　伊集院静のことば』（講談社）

GW、休むこと

休むことが成長につながる

いよいよゴールデンウィークが近づいてきましたね。

部活動もあるかもしれませんが、体と心を休めるよい機会です。十分に休めるとよいですね。


今日は、なぜ休むことが大事なのかについてお話しします。

普段、私たちは自分では意識していなくても、毎日の授業や部活動で疲れています。

この疲れた状態で続けていると、パフォーマンスが落ちてしまいます。しっかりと休息を取ることで、また新たなエネルギーをチャージすることができるのです。

さらに、休むことで新たな発見もあります。

例えば、スポーツや勉強に取り組んでいるときに、なかなか上達せずに行き詰まったり、同じ方法でうまくいかなかったりすることがあります。このとき、少し休んでリフレッシュすることで、別の視点で問題を考えることができ、新しいアイデアや解決策が見つかることがあります。休けい中に、「そういえば、こんな方法もあった！」と気づくことがあ

□**ねらい**
時には休むことも大事であることを伝える。

■**ポイント**
「疲れているから」休むことが大事だという点をはずさないようにします。

るかもしれません。

これはテレビで活躍しているヒロミさんの話ですが、ヒロミさんは若いころあるお笑いのグループの一員として随分売れていました。

しかし、だんだんと出番が少なくなってきたときに、タレントとしてのヒロミを休ませようと思ったそうです。それで、若い経営者たちと一緒に遊んだり、経営を学んだりしました。

すると、いつのころからかまたテレビなどから声がかかるようになり、再ブレイクしました。でも、一度休んだおかげで、力の抜きどころがわかるようになり、スタッフからの評判もよくなったそうです。

ヒロミさんは、いつも全力でやり過ぎていて、力が抜けなかったけれど、1回休んだことで、力の抜き方がわかるようになったのですね。

こんなふうに、しっかりと休息を取ると、体力も精神力も維持することができ、より充実した活動ができるようになります。**新しい発見や成長のためには、適切な休息がとても効果的**です。このゴールデンウィークには、ぜひ、休むことも上手に取り入れて、楽しく充実した学校生活が送れるようにしてください。

■ポイント

写真などがあると、生徒の関心も高まります。

【参考文献】

・ヒロミ、藤田晋『小休止のすすめ　運を呼び込む「人生の休み方」の極意』（SBクリエイティブ）

休み明け、気持ちの立て直し

背筋を伸ばすと、気持ちが前向きになる

いよいよゴールデンウィークが始まりますね。今から楽しみにしている人も多いと思います。部活動も予定されていると思いますが、自由な時間も増えますから、自分のしたいことができますね。

ところで、連休が終わった後、学校生活に戻るのが大変だと感じる人も多いのではないかと思います。

朝早く起きるのが辛かったり、何となく学校に行くのが億劫になったりすることがありますね。

でも、これはだれもが経験することですから、「自分だけがこうなのかな」と心配する必要はありません。

そこで今日は、そんなときに自分の気持ちを前向きにする方法を1つお伝えします。少しも難しいことではありません。だれにでもすぐにできることです。

それは、**姿勢をシャンとすること**です。

背筋を伸ばし、おしりを引き締め、あごを引いて、おへその下あたりに力を入れます。

□**ねらい**

連休明けに気持ちが沈んだときの立て直し方を伝える。

■**ポイント**

気持ちが消極的になることに罪悪感を感じないよう励ますつもりで語ります。

May 5

この姿勢をとってみてください。

コロンビア大学の研究チームによると、堂々とした姿勢をとらせたグループと、縮こまった姿勢をとらせたグループとでは、だ液に含まれる「テストステロン」というホルモンの量が違ったそうです。背筋を伸ばして堂々とした姿勢をとったグループでは、テストステロンの増加が見られました。このホルモンは、決断力や積極性、負けず嫌いなどに関係するホルモンだそうです。

この研究によれば、背筋を伸ばして堂々とした姿勢をとると、積極性に関係するホルモンが増えることになるのです。

さらに、天気がよかったら、その姿勢のままで青空を見上げてみましょう。青空には癒やしの効果もあるそうです。

ゴールデンウィークが終わってからも、いろいろなイベントが予定されています。

それに向けてクラスみんなで一緒にがんばっていくためにも、ゴールデンウィーク明けを上手に乗り切ってください。

連休明け、皆さんとまた元気に会えることを楽しみにしています。

■ポイント

話しながら動作を入れると、より具体的になって生徒も理解しやすいでしょう。

【参考文献】

・堀田秀吾『科学の力で元気になる38のコツ』（アスコム）

仲間とのつながり、協力

同じ方向を向いて、足並みをそろえる

ゴールデンウィークが終わり、またクラスの仲間との学びが始まりました。

そこで、今日は「クラスのつながり」ということについて考えてみたいと思います。

中学校生活は、勉強だけでなく、クラスメイトとの関係もとても重要です。このクラスでのつながりが、これからの学校生活をより楽しくより豊かにしていきますからね。

ところで、皆さんも感じていると思いますが、クラスのつながりをより深くするためには、クラスメイトと協力して物事を進めることが大切です。

例えば、体育祭や文化祭のような学校行事では、協力して取り組むことですばらしい成果を上げることができます。

そのためには、みんなが同じ方向を向いて、足並みをそろえることが大切です。

これができると、クラス全体が1つの大きなチームとして機能し、困難なことも乗り越えやすくなるでしょう。**一人ひとりの力が、同じ方向を向くことでもっと大きな力になる**のです。

□**ねらい**
クラスの仲間とのつながりについて考えさせる。

■**ポイント**
友だちとのつながりを奨励するよう、明るくさわやかに語ります。

May
5

これは、熊本県の阿蘇の山奥にある黒川温泉というところの話です。

黒川温泉では、お客さんを呼ぶため、カッパ踊りや子牛1頭プレゼントといった企画にお金をかけたのに、なかなか効果が出なかったそうです。

そこで、1軒だけ繁盛していた旅館の主人が中心となり、黒川温泉全体の雰囲気づくりに取り組んだそうです。

24軒の旅館が足並みをそろえて、派手な看板を取り去り、色調を統一し、どこの旅館の温泉も入れる手形をつくったりしたところ、人気の温泉地に変わっていったのです。

黒川温泉は、全部の旅館が同じ方向を向いてつながることで、温泉地全体がよくなっていき、そこではじめて1軒1軒の旅館が光るようになったのです。


クラスも同じで、**一人ひとりが同じ方向を向いて協力することで、クラスのつながりが深まり、そのクラスの中で一人ひとりが輝くようになります。**

皆さんのクラスでの時間は、一瞬一瞬がかけがえのないものです。

クラスのつながりを大切にして、お互いを尊重し合いながら、すばらしい学校生活を送っていきましょう。どのクラスの皆さんも協力し合い、成長していく姿を見ることを楽しみにしています。

■ポイント
黒川温泉の写真を見せながら話すと効果的です。

【参考文献】
・後藤哲也『黒川温泉のドン 後藤哲也の「再生」の法則』（朝日新聞出版）

礼儀、敬意

見えないお辞儀

5月になって、皆さんもずいぶんと学級に慣れてきたようですね。

毎朝、元気に友だちとあいさつをかわしている声が学校中から聞こえてきて、うれしく思います。

そこで、今日は皆さんと、礼儀について考えてみたいと思います。

礼儀を、作法やふるまいのきまりだと思っている人も多いと思います。

しかし、礼儀はそればかりではありません。

実は、礼儀というのは、**相手に対して敬意をもって接すること**でもあります。

例えば、「おはようございます」や「ありがとうございます」といった言葉は、相手を認め、相手を尊重し、お互いに気持ちよく過ごすための大切な一歩になります。

礼儀をそのように考えてみると、大切なのは心がけだということがわかります。

自分の心を示すのですから、だれかが見ているか見ていないかに関係なく、自分自身のために、常に礼儀正しい行動ができるよう心がけるとよいですね。

□**ねらい**

礼儀をわきまえることの大切さを伝える。

■**ポイント**

言葉づかいや身だしなみについて、いくつか例をあげてもよいでしょう。

プロ野球やメジャーリーグでも活躍した松井秀喜さんを取材した方が、印象に残っている話として、次のようなことを紹介しています。松井さんが中学3年生のときのことだそうです。

野球部の最後の試合が夏に終わり、松井さんは部室に野球道具を取りに行ったそうです。数日練習も休みで、だれもいません。部室を出ようとすると、グラウンドにだれかがいます。よく見ると、炎天下、監督が1人でグラウンド整備をしていたそうです。松井さんは、監督は毎年こうしていたんだと思い、黙ってお辞儀をして帰ったそうです。

私が、松井さんがすばらしいと思うのは、黙ってお辞儀をして帰ったところです。これは、もしかすると監督を手伝うよりも難しいことかもしれません。だれも見ていないところで監督にお辞儀ができる松井さんは、本当にすばらしいと思います。

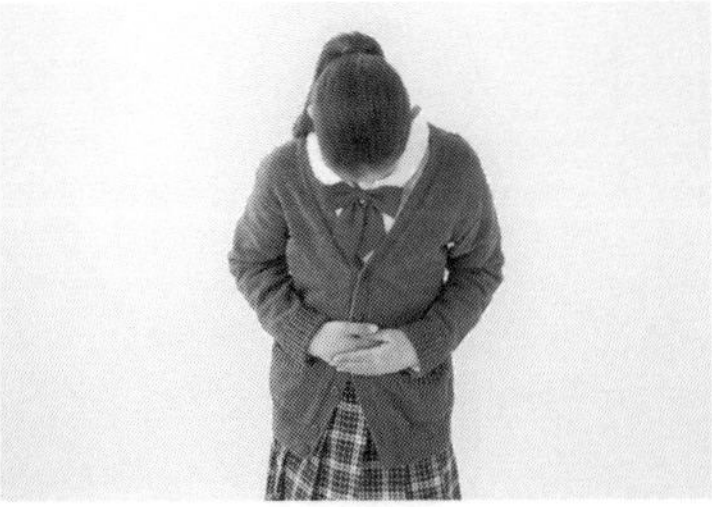

これからの学校生活でも、様々な場面で礼儀を大切にしてほしいと思います。**礼儀正しい行動は、皆さん自身の成長にもつながりますし、まわりの人々との関係をよりよくもしてくれる**でしょう。

皆さんが礼儀正しく成長していく姿を見るのがとても楽しみです。

■ポイント

黙ってお辞儀をして帰ることについて、生徒に考えてもらってもよいでしょう。

【参考文献】

・伊集院静『風の中に立て　伊集院静のことば』（講談社）

忍耐、困難

耐えて力をつける

新学期が始まって早くも1か月が経ちましたね。

新しい生活にも少しずつ慣れてきた反面、時には思うようにいかなくて我慢することも出てきていると思います。

そこで今日は、「忍耐」ということについて考えてみたいと思います。

皆さん、忍耐力ってどんなときに必要だと思いますか。

部活で辛い練習を続けるとき、勉強で大変な課題に取り組むとき、友だちとの関係で悩むときなど、いろいろありますね。

忍耐力とは、簡単に言えば「困難や辛さ、苦しみに耐える力」です。

例えば、部活動での練習を考えてみてください。毎日の練習は時に辛く、疲れを感じることも多いでしょう。しかし、その辛い時間を乗り越えることで、技術や体力がつき、試合で活躍することができるのです。

これは勉強や人間関係でも同じです。難しい問題に取り組み続けることで、理解力や解

□**ねらい**

耐えることも時には必要であることを伝える。

■**ポイント**

耐えることが苦手な生徒も多いので、諭すように話します。

決能力が身につきます。
また、友だちとの関係で悩むときも、粘り強く冷静に対応することで、より深い信頼関係を築くことができます。

日本の国技とも言われる相撲の世界の話ですが、かつて千代の富士というすばらしい横綱がいました。

千代の富士の親方の九重親方は、あるとき、新弟子の北勝海をこの千代の富士のつき人にしました。北勝海は素質はそこそこありましたが、ずば抜けているわけではなく、真面目で目立たない力士でした。

ところが、千代の富士はつき人の北勝海がかわいいので、毎日猛稽古で鍛え上げ、北勝海もそれによく耐えて徐々に力をつけていきました。やがて北勝海は、親方がまったく想像していなかった横綱にまでなったのです。北勝海は、千代の富士の猛稽古に耐えることで力をつけ、横綱の地位をつかんだのですね。

これから皆さんには、まだまだ多くの課題やチャレンジが待っています。時には苦しいことも辛いこともあるかもしれません。しかし、**それらの課題や困難を乗り越えることで、すばらしい成果を手に入れることができる**のです。辛いときこそ、「耐えて力をつける」という言葉を信じて、一歩一歩前進していきましょう。

■ポイント
3人の写真や関係図があると、話の内容がつかみやすいでしょう。

【参考文献】
・九重勝昭『速攻管理学　勝ちをつかむ人材は、こうして育てろ』（日之出出版）

給食、健康

嫌いなものから食べてみる

皆さんは、毎日食事をしていますね。

学校では給食を食べているし、家でも朝食や夕食を食べていると思います。

ところで、皆さんの中には、食べ物の好き嫌いがある人もいるかもしれませんね。特に、野菜や魚が苦手な人は多いのではないでしょうか。

でも、好きなものばかり食べていると、体に必要な栄養がバランスよく摂れなくなってしまいます。

ですから、嫌いなものも食べるということが大事になります。

とはいうものの、嫌いなものはなかなか食べる気にならないものですよね。ついつい後回しにしてしまい、お腹がいっぱいになってしまって余計に食べられなくなってしまうということもあるのではないでしょうか。

そこで1つの提案ですが、**「嫌いなものを1つでも先に食べてみる」**ということを実践してはどうかと思います。例えば、嫌いな野菜を最初に食べて、その後に好きなものを食べるということです。

□ねらい
食と健康との関係について考えさせる。

■ポイント
嫌いな食べ物があるということを否定しないような口調で語ります。

アメリカの話ですが、アメリカでは子どもたちに、嫌いなものから食べるように注意するそうです。嫌いなものを食べてから、好きなものを食べさせるのです。

理由は、栄養のバランスが偏るのを防ぐためだそうです。この教えは、「おばあちゃんの知恵」と呼ばれ、アメリカでは古くから言われているそうです。

食事に限らず、人はどうしても嫌なことや苦手なことは後回しにしたくなりますよね。でも、**その後で楽しいことや好きなことが待っているなら、がんばってやってみようと思えるもの**ではないでしょうか。

もちろん、急に好き嫌いをなくすのは難しいかもしれません。でも、少しずつでも苦手な食べ物にチャレンジしてみてください。

元気に学校生活を送るためには、毎日の食事がとても重要です。好きなものばかりではなく、バランスのとれた食事を心がけて、健康な体をつくりましょう。

嫌いなものでも「最初に一口」を心がけて、少しずつ食べられるように工夫してみてください。

■ポイント

自身の具体的な体験なども交えると、臨場感が出て生徒にも伝わりやすいでしょう。

【参考文献】

・石田淳『すごい「実行力」「結果」は3日で出る！』（三笠書房）

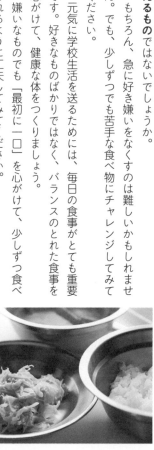

体育祭、協力

大事なことは明文化する

今月は体育祭がありますね。

体育祭は、皆さんが一丸となって力を合わせる絶好の機会です。

一人ひとりのがんばりや努力ももちろん大切ですが、クラス全体が協力してはじめてすばらしい結果が出せると思います。

よい成績を収めるために、練習のときから協力してできるといいですね。学級委員と運動委員がリードして、安全に、しかも効果的な練習計画を立ててください。

ところで、練習をするときに大事なことがあります。

それは、**練習をするときのいろいろな約束を明文化すること**です。

例えば、練習の日時や場所、準備するものや練習の内容などはもちろんのことですが、練習の心構えや、練習のポイントなども共有しておきましょう。

なぜ明文化するとよいのかというと、話しただけでは正確に伝わらないことがあるからです。

□**ねらい**

体育祭での協力の大切さを伝える。

■**ポイント**

前年の体育祭の思い出を簡単に語ってから話し始めてもよいでしょう。

そうなると、協力もできませんし、かえって失敗してしまうかもしれません。明文化することで、全員が同じ目標に向かって動けるようになります。

これは、プロレスラーからラーメン店の店主に転身した川田利明さんという方の話です。川田さんの店には「最初に人数分、注文してください」などの貼り紙が店内のいろいろなところにベタベタ貼ってあるそうです。最初はそのようなことはなかったそうですが、川田さんのファンが注文もしないで話だけしに来るようなこともあって商売にならず、言っても理解してもらえないために、明文化したのだそうです。

川田さんのお店のように、相手に正確にわかってもらうためには、文字にして見えるようにしておくのが効果的なのです。

体育祭は楽しいイベントですが、それだけでなく、**みんなで協力することの大切さを学ぶ絶好の機会**でもあります。

協力することで、普段以上の力を発揮でき、達成感も倍増します。クラスで決めた約束は明文化して、全員が同じ方向を向いて一致団結していきましょう。

その経験は、これからの学校生活のいろいろな場面で役立つでしょう。

■ポイント

プロレスとは関係ない話なので、プロレスに深入りしないようにします。

【参考文献】

・川田利明『「してはいけない」逆説ビジネス学』（ワニブックス）

宿題、テスト勉強

一番大事なことを優先して行う

新しい学年が始まって、もう1か月が経ちましたね。

今日は皆さんと学習への取り組み方について、考えてみたいと思います。


まず、はじめに皆さんに質問です。

宿題やテスト勉強をしているときに、どうしてもゲームやスマホやテレビなどの誘惑に負けてしまうことはありませんか。

私も学生のころ、よく経験しました。

でも、そのような余計なことをしていると、大事な勉強に使う時間が足りなくなってしまいますよね。

学習で大切なのは、**まず一番大事なことを優先して行うこと**です。

例えば、宿題がたくさんあるときに、まず簡単なものから片づけていってしまうと、後で難しい問題に取り組む時間がなくなってしまうかもしれません。難しい問題にしっかりと時間をかけて取り組むことで理解が深まりますし、効率的に宿題を終えられます。

□ねらい
学習は大事なことを先にするべきであることを伝える。

■ポイント
具体的な自分の失敗談などを語ってもよいでしょう。

これはたとえ話ですが、こんな話があります。

昔々、ある人が自分の子に「将来は仏教を学んで、それを広める仕事をしなさい」と言いました。

そこで子どもは、お坊さんになると法事に呼ばれ、馬に乗って行くだろうから、まず落馬しないようにと馬の稽古に励みました。

次に、法事の席で何も芸ができないと招いた人も白けるだろうからと、歌の練習に励みました。

どちらもとても上達しましたが、肝心の仏教を学ぶ時間がないまま歳をとってしまい、とても後悔したということです。

馬も歌もできた方がよいのでしょうが、この場合は大事なことではありませんね。仏教を学ぶことが大事で、まずそこから取り組まねばならなかったのです。

学習に取り組む時間は、自分の未来をつくるための大切な時間です。余計なことに気を取られず、大事なことを優先して学習する習慣を、今のうちから身につけておくとよいと思います。

そうすることで、皆さんの成績も上がり、将来の選択肢も広がっていくでしょう。

■ポイント

仏教や法事、馬の稽古などを説明しながら語るとわかりやすいでしょう。

【参考文献】

・戸田智弘『人生の道しるべになる座右の寓話』(ディスカヴァー・トゥエンティワン)

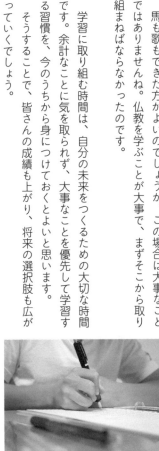

家庭学習

道具のせいにしない

新学期が始まって1か月が経ち、学校生活にも慣れてきたころだと思います。少し余裕も出てきたと思いますから、今日は、家庭学習について考えてみましょう。

家庭でも学校でも、学習を進めるには道具が必要ですね。

最近は、ノートやペン、消しゴムなどの他に、ノートパソコンとかタブレットとかを使って勉強をしている人もいるでしょう。通信教育を使っている人もいるかもしれませんね。

そういう話を聞くと、皆さんの中には「自分もノートパソコンがあれば、家でちゃんと勉強ができるのに」とか「おもしろい教材があれば、家庭学習の習慣が身につくのに」などと考える人がいるかもしれません。

しかし、注意してほしいのは「道具のせいにしない」ということです。

なぜなら、**いくら道具がそろっていても、結局は自分自身の取り組み方次第だから**です。

道具はあくまでサポート役であり、主役は皆さん自身なのです。

イギリスの科学者ウラストンは、数々の発見によって科学の進歩に貢献した人ですが、

□**ねらい**
家庭学習で道具に頼り過ぎないことを伝える。

■**ポイント**
通信教育の具体例をあげるとわかりやすいでしょう。

あるとき、外国の高名な科学者が、研究室を見せてほしいといって訪ねてきたことがあったそうです。

ウラストンは小さい書斎に案内し、使っている器具を見せました。そこには、古いトレーに入った、懐中時計のふたガラス、試験紙、小さい天びんばかり、吹管だけが入っていたそうです。

そして、ウラストンはそれらを指さして、訪れた科学者に「これがすべてだ」と言ったそうです。

ウラストンの数々の発見は、道具に頼ったものではなく、自分の工夫と熱意によるものだったのではないかと思います。


大事なのは、**どんな道具を使うかではなく、それをどう活用するか**です。

たとえ高価な道具や最新の学習アプリをもっていても、それらをうまく使えなければ意味がありません。

逆に、シンプルな道具でも、しっかり活用すれば効果的な勉強ができます。

だからこそ、道具のせいにせず、自分の工夫と努力で家庭学習をしっかりと進めていきましょう。

■ポイント
天びんばかりや吹管などは、イラストや写真があると理解しやすいでしょう。

【参考文献】
・サミュエル・スマイルズ（竹内均翻訳）『自助論』（三笠書房）

行動、勇気

関心をもったらすぐに試してみる

皆さんは、何かをやりたいと思ったときに、やるかどうか迷ってやめてしまったり、後回しにしたりしたことはありませんか。

思い立ってすぐに行動することは難しいことかもしれませんが、行動することにはいろいろな利点があります。そのことについてを考えてみましょう。

まず、行動することは、夢や目標を実現するために欠かせません。

ただ夢を描くだけでは、その夢は実現しませんね。

行動を起こさないことには、何も始まりません。

また、行動することで新しい経験や学びを得ることができます。

実際に行動してみることで、新しい友だちができたり、自分の知らなかった才能を発見したりすることができます。

たとえ失敗しても、失敗から学び、次にどうすればよいかを考えることで、次回はもっとよい結果を出すこともできます。

□**ねらい**

行動することの大切さを伝える。

■**ポイント**

ここはやや力強く励ますような口調で語ります。

さらに、何かに挑戦して成功すると、自分に対する自信がつきます。

その自信は、次の挑戦へのエネルギーになります。

逆に、行動しなければ自信をもつこともできません。


日本の電力業界で活躍し「電力の鬼」と言われた松永安左エ門は、若いころ福澤諭吉の『学問のすすめ』を読んで感動し、慶應義塾に入学します。

ある日、福澤に松永の故郷の壱岐島におもしろいことはないかと問われ、壱岐島の海女は日本一で、20分でも30分でも潜っていると言いました。

すると、福澤は他の塾生に洗面器に水を入れて持って来るように言い、すぐに試そうとしたそうです。そして、「思ったことが事実かどうか今すぐ試してみるのが学問というものだ」と諭したそうです。


福澤のこの態度はぜひ見習いたいですね。**何かに関心をもったら、すぐにやってみるということ**です。

行動することには、勇気が必要です。特にはじめてのことに挑戦するのは、不安もあるでしょう。

でも、やってみないと何も始まりません。**たとえ失敗しても、それは成功への一歩**です。失敗を恐れずに、まずは一歩を踏み出してみましょう。

■ポイント
様子が目に浮かぶよう身振り手振りを交えて語ります。

【参考文献】

・松永安左ェ門『人間　福澤諭吉』（実業之日本社）

利他

「送りバント」の考え方

皆さんには、学校でいろいろな仕事や役割がありますね。

例えば、委員会活動です。生徒委員会とか美化委員会とか、いろいろな委員会に所属して仕事をしていると思います。

それから、学級では係活動や当番活動があります。清掃当番や給食当番、日直当番などは、学校生活を送るうえでなくてはならない仕事ですね。

そのほかにも、部活動で重要な役割を務めている人もいると思います。

これらの仕事は、別の見方をすると、自分の時間を他の人のために使っているということです。

「時は金なり」とか「命は時間」とかという言葉があるように、**自分の時間を他の人のために使うのは大変立派な行い**ですね。

これは、以前プロ野球の阪神タイガースで監督をしていた吉田義男さんのお話ですが、吉田さんはタイガースの監督をやめてからフランスに行って、フランスの野球の代表チー

□**ねらい**

人のために仕事をすることの大切さ、尊さを伝える。

■**ポイント**

「時は金なり」「命は時間」などと書いて提示してもよいでしょう。

ムの指導をしていたことがありました。

吉田さんがフランス人に教えていたときに、一番難しかったのは「送りバント」だったということです。

技術的に難しいのではなく、「自分がアウトになっても次の塁へ走者を進める」という考えを、フランスの人はなかなかもつことができなかったのだそうです。

確かに、アウトになるのがわかっていてバントをするのですから、よく考えてみるとおかしなことですね。

ところが、私たちの多くは、送りバントのように自分が損をしても他の人を生かすという考え方を、わりと当たり前のように受け入れることができます。

考え方や行為は、国や地域によって様々ですから、どれが優れているということではありませんが、私たちがこのような考え方を受け入れやすいということを、積極的に生かしていきたいものですね。

自分の時間を他の人のために使っている皆さんに、ここで改めて感謝したいと思います。

■ポイント
野球に詳しくない生徒のために、「送りバント」について説明をするとよいでしょう。

【参考文献】
・白駒妃登美『幸せの神様に愛される生き方』（育鵬社）

定期テスト、準備

効果的な覚え方

1学期の中間テストが近づいてきましたね。

テスト範囲の一覧が間もなく配られると思いますが、皆さんはテストに備えて勉強をしていますか。

テストは、ただ単に成績のために実施するのではありません。皆さんがこれまで学んできたことを確認する大切な機会です。

例えば、数学の授業で習った公式や問題の解き方、英語の単語や構文、歴史の出来事など、覚えた知識や技能をテストで確認することによって、自分の理解度を確かめることができます。

ですから、テストにはきちんと準備をして臨みましょう。

ところで、テストの準備では覚えることもたくさん出てくると思います。その場で考える問題も、ある程度の知識はどうしても必要です。そこで、今日は、効果的に覚える方法

□**ねらい**

早めの準備で定期テストに向かうことの大切さを伝える。

■**ポイント**

中間テスト以外のテストにおいても同様であることを伝えてもよいでしょう。

についてお話をしたいと思います。

これは、ある実験の話ですが、学生たちに60の具体的なものの名前が出てくる話を聞かせ、1週間後にどれくらいものの名前を正確に言えるかをテストしたそうです。

2つのグループに分け、一方のグループは話を聞いた直後に一度テストを受けました。もう一方のグループは1週間後までテストを受けませんでした。

1週間後のテストの結果は、一度テストを受けたグループは39パーセント正解し、受けなかったグループは28パーセント正解したそうです。

これは、テストを1回でも受けると、テストを受けないよりも覚えている割合が増えるということを表しています。しかも、その後の実験では、1回よりも3回受けた方がよく覚えていたそうです。

このことを、皆さんのテスト勉強にも活用してみてはどうでしょうか。

例えば、テストの当日までに、自分で確認テストをやってみてもいいですね。また、問題集を2、3回解けば、より効果的に覚えられます。

そのためには、テストの準備を早めに進めることです。そうすれば、気持ちの面でも焦らず、落ち着いてテストに臨むことができると思います。

ぜひ、今日から準備を始めてみてください。

■ポイント

テストをした方が記憶に定着するということを繰り返し伝えるとわかりやすいでしょう。

【参考文献】

・ピーター・ブラウン他（依田卓巳翻訳）『使える脳の鍛え方』（NTT出版）

友だち

よき友は人生のすべて

皆さんには、これから新しい友だちが何人もできると思います。

偶然に、また自然に友だちになる人もいるでしょうし、自分から友だちになりたいと思って近づいて友だちになる人もいるでしょう。

どのように友だちになるにしても、友だちを選ぶことは、自分のこれからの生活にとってとても大切になってきます。

でも、皆さんの中には、「だれとでも仲良くすることが大切だから、友だちを選ぶのはよくないことではないか」と考える人もいるかもしれませんね。

しかし、だれとでも仲良くするということは、必要なときには気持ちよく協力し合うということで、友だちを選ぶということとは別のことです。

では、どのような友だちを選べばよいでしょうか。

それは、**その人と一緒によい方向に成長していけるような友だち**です。そのような人がいたら、自分から近づいて友だちになるようにするとよいと思います。

□ねらい

よい友人をもつことの大切さを伝える。

■ポイント

難しい内容なので、必要に応じて事前に先生方に知らせておくとよいでしょう。

これは、お釈迦様のエピソードですが、ある日、お釈迦様の弟子のアーナンダという人が、お釈迦様にこんなことを言ったそうです。もしも、いろいろなことを自分に教えてくれる仲のよい友だちがいたとしたら、その友だちと一緒にいることで、自分の修行の半分は達成できると思います、と。

すると、お釈迦様はアーナンダの言ったことを、「そうではないよ」と否定して、こんなことを言いました。そのような友だちと一緒にいることができれば、あなたの修行のすべてを達成できるのだよ、と。

このエピソードから、お釈迦様が、よい友だちをもつことはすばらしいことで、とても大事なことだと考えていたことがうかがえます。

いつの時代も、よい友だちをもつのは重要なことだったのですね。

よい友だちのことを「善友」といったり、「良友」といったりします。

皆さんも、**「この人こそ善友、良友になる人だ」と思える人に出会ったら、ぜひ自分からその人に近づいて友だちになってみてください。**

【参考資料】

・日本テーラワーダ仏教協会サイト「善友に勝る宝なし」

友だち、健康

人を大事にすることは、自分を大事にすること

皆さんは、毎日の生活の中で、友だちとどれくらいの時間を過ごしていますか。

人によって様々だと思いますが、気の合う友だちと過ごす時間は、とても楽しいですよね。

今日は、友だちと触れ合うことのよさについて考えてみたいと思います。

まず、友だちと触れ合うことの1つ目のよさは、**楽しい思い出をつくれること**です。例えば、先日の体育祭の練習のとき、友だちと協力し合って作戦を考えたり、応援の練習をしたりしましたよね。そのときの笑顔や笑い声は、すばらしい思い出になっていると思います。

2つ目は、**困ったときに助け合えること**です。友だちが困っていれば、皆さんはすぐに手を差し伸べて、助けてあげると思います。それも、普段から友だちとの触れ合いがあるからこそですね。

3つ目は、意外かもしれませんが、**友だちと触れ合うことは健康にもよい影響を与えま**

□**ねらい**
友だちと触れ合うことの大切さを伝える。

■**ポイント**
自分の友だちを思い浮かべさせてから語りに入ってもよいでしょう。

す。友だちと一緒に過ごすことで、ストレスが軽減され、心の健康が保たれると言われています。

　これは、アメリカで行われた研究ですが、2クラスの健康な男子学生の35年後を調べたところ、両親の仲がよかった学生は重い病気になる割合がずっと少なかったそうです。また、家族や近所の人と仲良く暮らしている人は、孤独に暮らしている人に比べてずっと健康だったそうです。さらに、仲のよい夫婦は、けんかをよくする夫婦に比べて、感染や病気から体を守る力が強かったそうです。

　つまり、まわりの人たちと仲良く触れ合っている人ほど、健康でいられるということです。

　このことから、友だちと仲良くすればするほど、自分も健康でいられるということがわかります。**友だちを大事にすることが、自分を大事にすることにつながるということ**ですね。

　これからの学校生活、文化祭や遠足など、みんなで楽しむイベントがたくさん待っています。これからもぜひ、友だちとの触れ合いを大切にしてください。友だちとの触れ合いを通じて、皆さんの学校生活がより楽しく、充実したものになることを願っています。そうして、みんなですばらしい思い出をたくさんつくっていきましょう。

■ポイント

「両親」という表現が気になる場合は、「家族」としても趣旨は変わりません。

【参考文献】

・P・M・フォルニ『結局うまくいくのは、礼儀正しい人である』（ディスカヴァー・トゥエンティワン）

人間性

人間性を磨く

6月に入り、勉強や部活動に一生懸命取り組んでいることと思います。

少し難しいのですが、そんな皆さんと「人間性」ということについて今日は考えてみたいと思います。

まず、人間性という言葉の意味を確認しておきましょう。

人間性とは、思いやりや責任感や愛情など、人間が生まれつき備えている人としての在り方や心のもち方のことです。感情や理性、道徳心なども人間性に含まれます。

皆さんは、学校で勉強をしたり部活動をしたりして、知識を身につけたり技術を磨いたりしていますね。それはとても大切なことです。将来の夢や目標を実現するためには、知識や技能が必要不可欠だからです。

しかし、それと同じくらい大切なのが、人間性を磨くことです。

皆さんが将来、どんな職業に就いたとしても、まわりの人々と協力して仕事を進める場面がたくさんあります。

□**ねらい**
人間性を磨くことの大切さを伝える。

■**ポイント**
難しい言葉、内容なので、説明を加えながらゆっくり話すとよいでしょう。

知識や技能だけでなく、人間性がしっかりと身についていると、まわりの人々とよい関係を築き、信頼される存在になり、仕事もうまくいくでしょう。

これは、福岡ソフトバンクホークスの監督である小久保裕紀さんの話ですが、小久保さんは福岡ダイエーホークスに入団して2年目に本塁打王となりました。

しかし、それで天狗になってしまったのか、翌年は打てませんでした。悩んでいたある日、イチローさんとランニングをしながらいろいろ話していたら、イチローさんが、自分は心の中の「石」を野球で輝かせたいのだ、というようなことを話したそうです。

それまで成績を残すことばかり考えていた小久保さんは、衝撃を受け、その日から変わったそうです。

イチローさんの話を聞いて、小久保さんは、技術や成績ばかりを追い求めていてもだめだと気づいたのではないでしょうか。

人間力、人間性を磨かなければ、と。

皆さんには、これから新しい経験や出会いのチャンスがたくさんあります。それらを通して、知識や技能だけでなく、人間性も大いに磨いてください。

どんなに小さなことでも、自分の心を成長させる大切な一歩となります。皆さんの成長を楽しみにしています。

■**ポイント**

心の中の「石」とは何かを生徒と一緒に考えてもよいでしょう。

【**参考文献**】

・『致知』2019年6月号（致知出版社）

同じところを目指す

新学期が始まって2か月が過ぎ、皆さんの学級の雰囲気も、少しずつ落ち着いてきたのではないでしょうか。

学級はとても大事なものですが、何もしなければただ生徒が集まっているだけです。みんなが学級のために活動することで、よりよい学級になっていくのです。

そこで今日は、学級に貢献するということについて考えてみたいと思います。

学級に貢献するとはどのようなことをいうのでしょうか。

まず第一に、**自分の役割を果たすこと**です。皆さん一人ひとりに与えられた役割をしっかりと果たすことで、学級全体がスムーズに動くようになります。

次に、**仲間をサポートすること**です。困っている友だちに手を差し伸べ、助け合うことで、クラス全体の結束が強まり、みんなが安心して過ごせる環境がつくられます。

そして、**同じところを目指すことの大切さ**も忘れないでください。クラス全体が同じ目標をもつことで、一致団結して取り組むことができ、達成感や絆が生まれます。個々の意

□**ねらい**

学級の目標を共有することの大切さを伝える。

■**ポイント**

学級内の自分の役割を思い起こさせてから話してもよいでしょう。

見を尊重しながらも、最終的には全員が同じ方向を向いて進むことが大切です。

皆さんもよく知っているブックオフというお店で、パートタイマーから社長になって話題になった橋本真由美さんという方の話ですが、橋本さんは1号店開店のときから働いていたことから、2号店を任されることになりました。

ところが、まったく売れず、社長から閉店を宣告されてしまいます。悲しくて泣いていると、それまでやる気のなかったスタッフたちが、売れる店にして社長を見返してやると一致団結し、本の補充、明るいあいさつ、走って仕事、手厚いサービスなどで売り上げを伸ばし、2号店は奇跡的に閉店せずに済んだそうです。

それまでのスタッフにとっては、給料をもらう以外に目的がなかったのに、「閉店させないためにがんばる」という共通の目的をもつことで、それぞれがすばらしい力を発揮したのだと思います。

これから、体育祭や文化祭など、学級全員で取り組む行事がたくさんあります。皆さんが力を合わせて、同じ目標に向かって団結することで、きっとすばらしい成果が得られるでしょう。

これからも一緒にがんばっていきましょう。応援しています。

■ポイント

生徒にとっても比較的身近なお店なので、近所にあれば話題にすると関心も高まるでしょう。

【参考文献】

・橋本真由美『お母さん社長が行く!』(日経BP)

言葉

NGワードを言わない効果

私が中学生だったころのことですが、こんなことがありました。

社会科の授業で、徳川家康と織田信長と豊臣秀吉の3人を比べて、家来になるとしたらだれの家来になるのがよいだろうか、というテーマで話し合いをしたのです。

学級が3つのグループに分かれて、それぞれの意見を主張したり、それに対する反対意見を言ったりしていたのですが、その最中に、ある生徒が私に向かって、

「おまえ、バカなんじゃないの?」

とつぶやいたのが聞こえました。

小さな声だったのですが、真剣に話し合っていた私は、とても嫌な気分になりました。

これは、皆さんにも何度か話したことがある「言ってはいけない言葉」、NGワードですよね。

NGワードは相手をひどく傷つけることがありますから、皆さんもお互いに言わないように気をつけていると思います。

□**ねらい**

日常何気なく使っている言葉を見直させる。

■**ポイント**

校長自身の体験談は生徒の関心を高めるので、積極的に活用します。

ところで、NGワードを言わないように気をつけることは、相手を傷つけないということの他に、実は、集団の力を高めていくという効果があるのです。

これは、株式会社はとバスの社長だった宮端清次さんという方のお話ですが、宮端さんが社長になったとき、会社は赤字続きで倒産の危機だったそうです。

宮端さんは様々な再建計画で会社をV字回復させますが、その中に8つの社長の習慣があり、その5つ目が「NGワードを決める」ということでした。そして、それを社員に徹底して守らせたそうです。

すると、言葉の見直しが仕事のやり方の見直しにつながり、それがV字回復の要因にもなったのだそうです。

このように、**相手のことを考えて、言ってはいけない言葉を使わないようにすることで、それぞれの意識が変わり、行動の仕方も変わってくる**のですね。

これからも、一人ひとりがNGワードを使わないということを意識して、それぞれの学級の力を高めていきましょう。

■ポイント

「NGワードを決める」という部分を強調して語ります。

【参考文献】

・宮端清次『はとバスをV字回復させた社長の習慣』（祥伝社）

ものを大切にする心、リサイクル

ものを大切にする心が、環境を守る

もうすぐ梅雨の季節が始まりますね。

雨が降る日が多くなると、傘やレインコートなど、普段あまり使わないものを使う機会が増えると思いますが、いざ使うときになって見つからなかったり、壊れていたりすることはありませんか。

今日はものを大切にするということについて、少し考えてみましょう。

皆さんは、文房具や日用品などが壊れると、すぐに新しいものを買ってしまうことがないでしょうか。

その方が手軽な場合もありますが、できればすぐに新しいものを買わずに、大切に使いたいですね。なぜなら、ものを大切に使うことは、ものを長持ちさせるだけでなく、環境を守ることにもつながるからです。

リサイクルも大事ですよね。リサイクルとは、使い終わったものを再利用することです。例えば、皆さんの家ではお兄さんやお姉さんが着ていた服を妹や弟が着ることがあると思

□**ねらい**

ものを大切にすることを意識させる。

■**ポイント**

雨の日が少ない場合は、雨が多いという内容には触れません。

います。それも立派なリサイクルですね。**ものを大切にすると同時に、環境を守ることにもつながる、地球にやさしい行い**です。

これは、中村健一さんという呉服問屋の社長さんだった方のお話ですが、お店の経営がうまくいかなくなり、さらに、着物は高いというイメージでどんどん売れなくなったそうです。

でも、着物を着たいと思っている人は多いということがわかっていた中村さんは、どうしたらよいか悩んでいました。

そんなとき、たまたま古本チェーンのブックオフに入り、「キモノオフ」だ、とひらめいたそうです。そして着物リサイクルショップを開業します。このお店は今、全国に広まっています。

着物をリサイクルするのはすばらしいことだと思います。ものを大事にすることでもあり、日本の文化を大事にすることでもあるからです。

皆さんもぜひ、ものを大切にする心をもって、毎日の生活を送ってみてください。

家族や友だちと一緒にリサイクル活動をするのも楽しいかもしれませんね。

皆さんのリサイクルが、ものを守り、環境を守ることにつながるかもしれませんよ。

■ポイント

時間があればブックオフとキモノオフとの共通点や発想について補足説明をします。

【参考文献】

・中村健一『たんす屋でござる。呉服問屋3代目の成功哲学』（商業界）

気の緩み、緊張感

あえて自分に厳しくしてみる

6月に入り、学校生活にもすっかり慣れてきて、4月のころの緊張感もやわらいでいると思います。

それはそれでよいことですが、緊張感がなくなると、反対に気がゆるんでくることがあります。

気がゆるむと、思わぬ失敗をしたりすることがありますから、気をつけたいですね。

このあたりでもう一度、気を引き締めるのも大事なことだと思います。

気がゆるんでしまう大きな原因は「これくらいはいいか」と思ってしまうことです。実際に、少しくらいやらなくても、生活には影響しないことが多いと思います。

例えば、朝起きる時刻を5分遅らせたり、宿題をたまにサボってしまったりしても、大きな影響はないでしょう。しかし、その小さなことが積み重なると、大きな問題になることもあります。

そこで、皆さんには、**「あえて自分に厳しく」という気持ち**をもってほしいと思います。

□**ねらい**

気のゆるみを引き締め直すことを意識させる。

■**ポイント**

やや緊張感のある毅然とした口調で語ります。

人間、今まで通りにやろうと思っても、ついつい甘さが出て、今までよりも手を抜いてしまいがちです。

　そこで、今まで以上に厳しくしてみるのです。朝起きるのを10分早めるとか、家庭学習を20分増しでやる、といったことです。

　江戸時代の国学者で「天保の国学の四大人」の1人、伴信友（ばんのぶとも）は、日頃から姿勢を正し、精神を引き締めることに努めていました。

　しかし、夏の暑さが盛りのときには、信友といえども気持ちがダレてしまいます。そんなとき信友は、天井から刀をつるして、その先が自分の頭にすれすれになるようにして本を読んだそうです。また、冬の寒い日でも、精神が引き締まらないからと、こたつに入らなかったそうです。

　信友はそのように自分に厳しくして、自分がダラけないように気を引き締めて勉強に励んだのです。

　これから夏休みに近づき、楽しいイベントの話題も増えてくるでしょう。そうすると、ますます気がゆるんできてしまうかもしれませんが、そんなときこそ自分に厳しくして、気を引き締めましょう。

　そうして、目標に向かって一歩一歩確実に進んでいけるようにしてください。

■**ポイント**
身振り手振りを交えて語り、臨場感を出してみましょう。

【参考文献】

・長山靖生『「修身」教科書に学ぶ偉い人の話』（中央公論新社）

柔軟性、発想

不足は発想の母

6月になり、学校生活も落ち着いてきたことと思います。

落ち着いているということは、物事をなんとなく今まで通りにやることになってしまうということでもあり、それでは進歩がなくなってしまいますね。

そこで今日は、「柔軟に発想する」ということについて考えたいと思います。柔軟に発想することで新しい気づきが得られるといいですね。

では、柔軟な発想で固定観念を打ち破り、新しい視点で物事を見るためには、どうしたらよいのでしょうか。

1つの方法として、**不足に気づく**ということがあります。

決まったやり方を続けていると、不足しているものがあっても、そのままにしてしまいがちです。

その不足に目をつぶらず、何かが足りないと感じたとき、それを補うために新しい考えやアイデアを生み出すようにするのです。

□**ねらい**

柔軟に発想する視点をもたせる。

■**ポイント**

「固定観念」という言葉が難しい場合はやさしい表現に言い換えます。

不足や不便を感じたときこそが、柔軟な発想を生むチャンスと言えます。

演劇集団キャラメルボックスという劇団の話ですが、あるとき1週間くらい新宿の劇場が空いたので公演をすることにしたそうです。

でも、1週間の公演では見に来るお客さんの数が増えません。

そこで、普通は1日1ステージですが、1日2ステージをやろうと考えました。そのために、上演時間が45分の短編演劇をつくり、チケット代も半額にしたそうです。

これは演劇界初のことで、まわりからいろいろ言われたそうですが、やってみるとこれが意外に好評だったのだそうです。

公演期間も観客も不足という状況を、どのように解決しようかと考えた結果、短編演劇という演劇界初のアイデアを考えついたのではないかと思います。

これからの学校生活や将来の進路においても、何かがうまくいかないと感じたときは、新しい解決方法やアイデアを生み出すチャンスです。

失敗や不足を恐れず、むしろそれを楽しむ心をもつことで、皆さんの可能性はどんどん広がっていきますよ。

■ポイント

「1日2ステージ」「45分の短編演劇」などを強調して語ります。

【参考文献】

・加藤昌史『拍手という花束のために』（ロゼッタストーン）

時間意識

時間は有限の貴重な財産

もう6月に入りましたね。

新学期が始まってから、時間があっという間に経ってしまったという感じです。

本当に、時間は待ってはくれませんね。そして、経ってしまった時間が戻ってくることもありません。

そう考えると、皆さんも何度も聞かされてきていると思いますが、時間を大切にすることはとても重要だということに改めて思い当たります。

ところで、時間を大切にするとは、具体的にどういうことなのでしょうか。

1つは、**時間を守るということ**です。例えば、授業の開始時間や課題の提出期限、友だちとの約束など、私たちは常に時間に追われながら生活しています。しかし、だからこそ時間をしっかり守ることが大切です。

もう1つは、**なるべく価値のあることに時間を使うということ**です。逆に言えば、時間をむだなことに使わないということです。例えば、朝起きるのが面倒で、いつまでもベッ

□**ねらい**

時間を守る、時間を有効に使うという意識をもたせる。

■**ポイント**

時間を大切にするとはどういうことかを、生徒に考えさせてもよいでしょう。

ドに入っているなどは、むだな時間の使い方ですね。

有名な数学の問題「ビュフォンの針」で知られる万能の学者・ビュフォンは、早起きがとても苦手だったそうです。

いくら決意しても起きられず、召使いのジョゼフに、6時前に起こしてくれたら銀貨1枚をやると約束します。

それでも起きられず、しかも召使いに文句を言うので、怒ったジョゼフは、ビュフォンをベッドから引っ張り出したり、冷たい水をかけたりして起こしたそうです。

こうしてようやく早起きの習慣を手に入れたビュフォンは、自分の著作の3、4巻は、ジョゼフのおかげだと語っていたそうです。

ビュフォンはそれくらい早起きをしようとしたのですが、それはそれほどのことをするだけの価値が時間にはあると考えていたからですね。

ビュフォンに倣って、時間の使い方についてもう一度考えてみましょう。

例えば、早起きをして朝の時間を有効に使う、授業の合間の休み時間を上手に使って勉強をする、といったことです。

時間を使うための小さな工夫が、大きな差につながるかもしれませんよ。

■ポイント

「ビュフォンの針」も興味深い内容なので、時間があればこの機会に紹介してもよいでしょう。

【参考文献】

・サミュエル・スマイルズ（竹内均翻訳）『自助論』（三笠書房）

苦手の克服

少しずつたくさん触れる

皆さんには、得意な教科と苦手な教科があるのではないかと思います。

得意な教科の勉強は楽しいですし、比較的覚えやすいでしょう。

反対に苦手な教科の勉強はおもしろくないし、覚えるのも大変かもしれませんね。

そこで今日は、苦手な教科の勉強の仕方について、考えてみましょう。苦手な教科があるという人は、よく聞いていてください。

実は、苦手な教科を克服する方法があります。

1つは、**たくさん質問をすること**です。質問をすれば理解が深まるのは当然ですが、その他に、質問を考えることでその教科への関心が高まります。関心が高まると、苦手意識がだんだんと薄らいでいくものです。

もう1つは、**その教科に触れる機会を増やすこと**です。例えば、英語が苦手な人は、英語の歌を聴いたり、英語のマンガを読んだり、英語のドラマを見たりして、英語に慣れてみるのです。慣れてくると少しずつ苦手意識がなくなっていきます。

□**ねらい**

苦手な教科の勉強法を伝える。

■**ポイント**

効果的な方法なのでじっくり噛んで含めるように語ります。

全国高等学校クイズ選手権で優勝したことのある水上颯さんの話ですが、水上さんは東京大学に入学して同級生と接するうち、知識の差はその分野に触れる時間の長さにあると考えたそうです。

そこで、自分の苦手分野である野球の知識を増やすため、ひいきの球団をつくることにします。高校時代の先生が広島カープのファンだったので、とりあえずカープの動きを追っていくうちに、野球全体に詳しくなったそうです。

水上さんは苦手なものに長時間取り組むのは辛いので、短時間で何度も見る方が覚えやすいと言っています。

ひいきの球団をつくると、その球団に触れる機会が自然と増えて、何度も見ることになりますから、覚えやすいということですね。

このように、苦手な教科を克服しようと思ったら、その教科に何度も触れる工夫をしてみるといいですね。

そのときには、何か楽しいことと組み合わせると、やる気も出るのではないでしょうか。ぜひ、苦手教科の克服に挑戦してみてください。

■ポイント
似たような例をいくつか紹介すると生徒もイメージしやすいでしょう。

【参考文献】
・水上颯『東大No.1頭脳が教える 頭を鍛える5つの習慣』（三笠書房）

短所と長所

短所をひっくり返して見てみる

間もなく1学期も終わりになりますが、皆さんにとって、どのような1学期だったでしょうか。

充実した1学期だったと言える人もいれば、後悔の多い1学期だったという人もいることでしょう。

後悔が多いという人は、1学期の反省をしたり、1学期の通知表を見たりしたときに、自分の短所がより多く目についてしまうかもしれません。

もちろん、短所が目につくことは悪いことばかりではありません。短所を意識して、そこを改善していけば、よりよい生活を送ることができるからです。

ところが、ともすると私たちは、短所を気にするあまり自信をなくしてしまって、短所を克服するどころか、克服するためにチャレンジすることさえも避けてしまうことがあります。

「どうせできない」「チャレンジして失敗するのは嫌だ」などと思ってしまうのです。

こうならないために、短所も見方によっては長所になると考えて、自分の短所をひっく

□**ねらい**
短所は捉え方を変えることで長所にもなり得ることに気づかせる。

■**ポイント**
「チャレンジすることさえも避けてしまう」という部分を強調して語ります。

り返して見てみると、前向きになれることがあります。

これは、生まれたときから目が不自由だったにもかかわらず、世界的なピアニストとして活躍する辻井伸行さんの話です。

辻井さんは、小さいころから生活の中の雑音に敏感で、嫌だと思うと泣き止まなかったのだそうです。

そんなある日、辻井さんのお母さんは、「この子の音への敏感さは、音楽の才能なのではないか」と気づきます。そして、そういう目で見てみると、確かに才能を感じさせるものがあったのだそうです。

辻井さんの才能は、「雑音に敏感で泣いてばかりいる」という短所を、「音に対する才能ではないか」とひっくり返して見ることで開花したとも言えるでしょう。

これは皆さんにとっても同じです。**自分では短所だと思っていることも、見方を変えたら、長所と捉えることができる**のです。

1学期を振り返ってみると、自分の短所が目につくかもしれませんが、それをひっくり返して長所として捉え、前向きに取り組んでみるとよいのではないでしょうか。

皆さんが前向きな気持ちで1学期を終えられることを願っています。

■ポイント

辻井さんが演奏している動画を見せると、感動が伝わりやすいでしょう。

【参考文献】

・柳沢幸雄『母親が知らないとヤバイ「男の子」の育て方』（秀和システム）

弱みと強み

弱みをさらけ出す

終業式の日には、各学級で皆さんに通知表が渡されます。期待している人もいると思いますし、そうでない人もいるでしょう。

通知表には、1学期の皆さんの学習の様子や生活の様子の記録が書かれていますが、それを見て成績を確認し、一喜一憂して終わりにしてしまっては、少しもったいないと思います。

通知表を見ることで、皆さんの強みと弱みがだいたいわかりますよね。

強みとは、自分が得意なことや他の人よりも上手にできることです。

一方、弱みとは、自分が苦手なことやうまくできないことです。

だれにでも弱みはあるものですが、できれば人には知られたくないし、自分でも認めたくないものですよね。

そのため、隠したり無視したりしがちです。

でも、隠したり無視したりすることが、余計に苦手意識を強めてしまうことがあります。

弱みを認め、さらけ出すことで、弱みが克服できることもあるのですよ。

□**ねらい**

弱みを隠さなければ、それが強みに変わる場合があるということを伝える。

■**ポイント**

強みと弱みの具体例をあげると、より伝わりやすくなるでしょう。

これは、マギー司郎さんという楽しい手品を披露してくれる芸人さんの話ですが、マギーさんは地方から東京に出てきて、ある手品師に弟子入りします。

ところが、生まれつき不器用で、どの手品も人より下手だったそうです。

ステージでもお客さんの反応が悪かったのですが、あるとき「僕、マジック、下手なのよ」とポロッと言ったらちょっと笑いが起きたそうです。

それでマギーさんは、自分のだめなところ、かっこ悪いところを正直に語るようになったところ、お客さんのウケがよくなっていったそうです。

手品師にとっては弱みでもある不器用さを隠さずにさらけ出していくうちに、マギーさんにとってそれが強みになっていったのですね。


弱みを隠さずにさらけ出すのは簡単なことではありません。ですから、**まずは弱みから目を背けないで、弱みを認めることからチャレンジしてみてはどうでしょうか。**

弱みを認めることができると、それが皆さんの成長につながると思いますよ。

■ポイント
マギーさんの言葉は、明るくおおらかに語ります。

【参考文献】
・マギー司郎『生きてるだけでだいたいOK』（講談社）

苦手、失敗

できないことのよさ

もうすぐ1学期も終わりですね。

1学期を振り返って、よかったこともそうでなかったことも、いろいろと思い出すのではないでしょうか。

人は失敗したことをよく覚えていますから、皆さんの中には、失敗ばかりが思い出されて、自信をなくしている人がいるかもしれませんね。

そこで今日は、「できないことのよさ」について、考えてみたいと思います。

皆さんは、何でもできる人をうらやましいと思うかもしれませんが、実はよいことばかりではありません。

例えば、何でもできてしまう人は、できない人の気持ちがよく理解できないことがあり、友人関係が難しくなる場合があります。

また、何でもできてしまうことで、何に力を入れたらよいか迷ってしまい、集中できなくなるということもあります。

□**ねらい**

できないということにはよい面もあることを伝える。

■**ポイント**

よいことばかりではないという部分は低い声で語り、意外性を演出します。

July
7

できないことが多いということは、できることが少ないということですが、できることが限られているからそこに集中することができ、成果が上げやすいということもあり得るのです。

これは、『怪人二十面相』や『少年探偵団』で有名な江戸川乱歩の話ですが、乱歩は大学を卒業していろいろな職に就きますが、どれも長続きせず、半年から1年で辞めてしまいます。

理由は、乱歩は独りでボンヤリ考えるのが好きで、他の人と顔を合わせるのが耐えられなかったのに加え、朝起きるのが苦手だったからです。

しかし乱歩は、今さら会社勤めはできないからと、何とか小説を書き続けたということです。

このように、できないことが多かったことで、日本探偵小説の父とも呼ばれ、「大乱歩」と言われることもある大作家になれたのかもしれません。

皆さんも、**できないことを数え上げて気にしたり自信をなくしたりするのではなく、できることに絞ってそれをさらに伸ばすことも考えてみてください。**

皆さん一人ひとりがもっと自信をもって、新しいことにチャレンジできるようになることを願っています。

■ポイント

理由を語る前にはちょっとの間を置き、ゆっくりと語ります。

【参考文献】

・真山知幸『あの偉人は、人生の壁をどう乗り越えてきたのか』（ＰＨＰ研究所）

自己肯定感

自分は価値のある人間だと信じる

皆さんは自分のことを評価していますか。

自分は価値のある人間だと思っていますか。

日本人は奥ゆかしいので、人前で自分のことを「価値のある人間だ」などとは言ったりしません。

でも、心の中のことでよいのです。

心の中で、自分のことを価値のある人間だと思っていますか。

もしも思っていなかったとしたら、今すぐ自分は価値のある人間だと思い直してください。


自分のことを価値のある人間だと思うことは、だれに迷惑をかけることでもありません。

それに、自分にとってよい結果をもたらすことも多いのです。

反対に、自分で自分のことを価値のない人間だと思っていると、せっかくの才能が発揮できず、目の前のチャンスを逃してしまうかもしれません。

□**ねらい**
自分のことを価値のある人間だと思うことの大切さに気づかせる。

■**ポイント**
価値があるとはどういうことかを説明すると、よりわかりやすいでしょう。

坂村真民という有名な詩人がいました。

真民さんはあるとき、トランプ占いの名人と言われる人に占ってもらいました。6枚のトランプを引くと、キングが4枚入っていました。もう一度引くと、エースが4枚入っており、その強運に占い師が驚きました。

真民さんは、トランプ占いではこんなに運に恵まれているのに、なぜ自分はだめなのかを尋ねました。詩人としての今までの人生によいことがあまりなかったからです。

すると占い師は、自分で自分をだめな人間だと思ってだめにしてしまい、運を消してきたのだと答えたそうです。

真民さんは、占い師にこう教えられ、自分で自分の芽を摘んできてしまったのだということに気がつきました。


これは占いの話ですから、本当のことかどうかはわかりません。

でも、**どんなに豊かな才能があっても、自分でその才能を信じて発揮しようとしなかったら、その才能が花開くことはない**と思います。

皆さんもぜひ、自分で自分のことを価値ある人間だと評価して、これからの生活を送るようにしてください。

■**ポイント**
占いの結果に驚いたり関心したりすると、より伝わりやすいでしょう。

【参考文献】
・坂村真民『随筆集 めぐりあいのふしぎ』（サンマーク出版）

成長、初心

初心に帰る

間もなく1学期が終了しますね。

新しい学年が始まってから数か月が経ちましたが、この間に皆さんは多くのことを学び、成長してきたと思います。

今日は、自分の成長を自覚することについて考えてみましょう。

成長が自覚できると、自分の努力が実を結んでいることが確認でき、自信をもつことができます。例えば、部活動で新しい技術が身についたとすれば、努力の方向が正しかったということがわかります。

また、成長が自覚できると、次の目標に向かってさらに努力する意欲がわいてきます。例えば、苦手だった科目でよい成績を取れたりすれば、次はさらにレベルアップを目指そうという気持ちになれますね。

ところで、成長が自覚できたときには、初心に帰ることも大切です。

成長にばかり目が行ってしまうと、自分の原点を見失ってしまうことがあるからです。

□**ねらい**

成長の自覚と初心に帰ることの大切さを伝える。

■**ポイント**

部活動の具体例をあげると、よりわかりやすいでしょう。

July 7

例えば、部活動で勝つことばかりを意識してしまい、部活動を始めたときの楽しさを忘れてしまっては、成長の喜びも半減してしまうでしょう。

これは、あるものまね芸人さんの話ですが、若いころはうまくしゃべれなくて、なかなか売れなかったそうです。

それで、とにかくたくさん経験を積むしかないと考え、食事をしながらショーが楽しめるお店の社員になって、働きながらステージに立たせてもらったそうです。

やがて技術も身について売れるようになり、テレビにもたくさん出るようになりましたが、それでも時間があると、そのお店のステージに立つそうです。

人気タレントになったのですから、お店のステージに立つ必要はありませんが、無名だったころの気持ちや恩を忘れないためにやっているのですね。これも、初心に帰るということではないでしょうか。

これから夏休みもやってきますが、この期間を使って、自分の成長を振り返る時間をもってみてください。

そして同時に、**初心に帰って自分が何を大切にしているのかを考えてみましょう。**

皆さんが、さらに大きく成長していくことを願っています。

■ポイント

間をとりながらゆっくり語るとわかりやすいでしょう。

【参考文献】

・山本高広『地球に生まれてよかったーぁ！』（徳間書店）

振り返り

見方を変えて好意的に振り返る

1学期が終わるこの時期、授業や学級生活のいろいろな場面で振り返りを行うことが多くなると思います。

そこで今日は、この振り返りについて改めて考えてみたいと思います。

まず、振り返りの意義についてですが、1学期を振り返ることで、自分の成長や、できるようになったことを確認することができます。それによって達成感や自信が生まれ、今後の学びや活動に対するモチベーションが高まりますね。

また、振り返りを通じて改善点を見つけることも重要です。例えば、テストや部活動で思うようにいかなかったことがあれば、どこに問題があったのかを考え、次にどうすればよいのかを見つけることができます。失敗から学ぶということです。

ただし、反省ばかりでは気分も落ち込みますね。

そこで、見方を変えて、好意的に振り返ることもしてみましょう。例えば、**テストで点数が低かったことも、次に向けてどう改善するかを考える材料として捉え、自分の成長の**

□**ねらい**

1学期を前向きな気持ちで振り返らせる。

■**ポイント**

「ただし」以下はトーンを変えて、明るく語ります。

ための一歩と考えてみるのです。

これは、中村天風という、思想家で実業家、講演家の方の話ですが、あるとき病気になり、それを治すために世界中の著名人を訪ね、やがてインドで修行します。そのとき先生に、「世界一の幸福者」と言われ、「重病で苦しんでいるのに」と腹を立てます。

すると先生から「病気を恨んでいるようだが、まだ生きていることになぜ感謝しないのか。病気になったからこそ、ここで修行もできたのではないか」ということを言われたそうです。天風はそれを聞いて、ありがたいと思えるようになったそうです。

この先生の言葉こそ、見方を変えて好意的に振り返るということですね。病気を苦しいものと捉えず、修行の機会を与えてくれたありがたいものと捉えたのです。天風はその後、病を克服し日本で活躍します。

1学期の振り返りを意義あるものにすることができれば、2学期に向けて大きな力になるでしょう。ぜひ、しっかりと振り返って、自分をよりよくするためのヒントを見つけてください。そして、2学期も充実した日々を過ごせるよう、ポジティブな気持ちで取り組んでいきましょう。

■ポイント

セリフの部分は、先生が弟子に話すような気分で語るようにします。

【参考文献】

・中村天風『君に成功を贈る』（日本経営合理化協会出版局）

夏休みの課題、自由研究

集中して取り組めば、ヒントは向こうからやってくる

いよいよ夏休みが近づいてきましたね。

夏休みは長い休みですから、遊びやリラックスも大事ですが、せっかくの時間を有効に使って、自分の興味や関心を深める機会にもしたいですね。

夏休みの課題の1つの自由研究は、そのよいチャンスです。

テーマを自分で選び、調べたり実験したりして、発見や気づきを得ることができるすばらしい活動です。このような活動は、課題として取り組まないとなかなかやれないものです。夏休みをよい機会と考えて、ぜひチャレンジしてみてください。

でも、「何を研究すればよいのかわからない」という人もいると思います。

そんなときのために、「集中していると、ヒントは向こうからやってくる」という言葉を覚えておくといいですよ。

これは、**日常生活の中で、「どうしてだろう」と思うことや、「もっと知りたい！」と感じることを常に見つけようとしていれば、そのヒントが目の前に飛び込んでくるように感**

□**ねらい**

夏休みの自由研究を奨励する。

■**ポイント**

「集中していると…」の部分は前後に間をとって語ります。

じられるということです。

戦後すぐ、シューズメーカーを創業した鬼塚喜八郎さんは、最初にバスケットシューズをつくろうとします。研究のため、高校のバスケ部に通って練習を見学し、急ストップ急スタートができることがシューズには重要だとわかります。

そして、夕食の酢の物のタコの足の吸盤にヒントを得たり、乗っていたタクシーが急ブレーキをかけたことからタイヤの原理をシューズに生かそうと思いついたりして、すばらしいバスケットシューズを完成させます。

鬼塚さんの会社は、やがて「アシックス」という世界的メーカーになっていきました。急ストップ急スタートができるシューズをどうつくるかに集中していた鬼塚さんには、ヒントが向こうからやってきたのです。

自由研究を進めていると、思ったようにいかないこともあるかもしれません。しかし、**その過程で学ぶことや、問題を解決するために工夫すること自体が貴重な経験**になります。集中しているとヒントは向こうからやってくることを、ぜひ体験してみてください。

■ポイント

アシックスは生徒にも身近なメーカーですから、そこから入ってもよいでしょう。

【参考文献】

・鬼塚喜八郎『転んだら起きればいい！』（ＰＨＰ研究所）

夏休みの生活習慣

生活習慣を元に戻すのは意外に大変

もうすぐ夏休みが始まりますね。楽しみにしている人も多いでしょう。

しかし、夏休みは自由な時間が増える分、気をつけなければならないこともあります。

今日は、夏休みに気をつけたいことについて考えてみましょう。

まず、暑い日が続くので、熱中症に注意してください。特に、部活動の練習をするときは、水分をしっかりとりましょう。また、外では帽子をかぶるなどして体を守ることも大切ですね。

次に、交通事故にも気をつけてください。自転車に乗るときは、ヘルメットを着用し、交通ルールを守ることが重要です。特に、夜間はライトを必ず点けてください。

また、インターネットやスマートフォンの使い方にも注意が必要です。夢中になって時間をむだにしたり、危険なサイトに関わったりしないよう気をつけましょう。

そしてもう1つ、今までの生活習慣が乱れないよう気をつけましょう。**2学期になれば元に戻るから大丈夫、などと甘く考えていると、大きな失敗につながってしまうかもしれ**

□**ねらい**
夏休みの生活習慣に気をつけさせる。

■**ポイント**
最近の気温や熱中症の話題を語ってもよいでしょう。

ません。

生活習慣の乱れを元に戻すのは意外に大変なのです。

これは、プロスキーヤーの三浦雄一郎さんの話ですが、三浦さんはエベレストをはじめとして、七大陸の最も高い山のすべてをスキーで滑降するという人類初の快挙を達成した後、60歳も近いのでしばらくトレーニングを休んで講演活動などをしていました。

すると生活習慣病が発症し、階段を上るにも息切れするようになり、小学生が遠足で登るような低い山さえ、足が痙攣して登れなくなってしまったのです。

三浦さんほどのアスリートであっても、生活習慣が変わってしまうと、あっという間に衰えてしまうということです。三浦さんはその後再びトレーニングを始め、エベレストに2回登頂しています。

夏休みだからといって、夜更かしや寝坊を続けてしまうと、体内リズムが崩れてしまいます。

規則正しい生活を続けることが、健康を保つためにも大切だということです。

朝はいつも通り起きて、昼間は活動的に過ごし、夜はしっかり休むようにしましょう。

充実した夏休みとなるよう、今から心の準備をしておくといいですね。

■ポイント

三浦さんの境遇やトレーニングについて驚きをもって語ります。

【参考文献】

・三浦雄一郎、三浦豪太『三浦雄一郎の「歩く技術」』(講談社)

夏休みの過ごし方

夏休みは挑戦のとき

いよいよ夏休みが近づいてきましたね。

皆さんも気になっていると思いますが、今日は夏休みの過ごし方について考えてみたいと思います。

夏休みには、いろいろな課題が出ていますね。一気にやろうとすると大変ですし、無理もありますから、計画を立てることが必要になります。カレンダーや手帳を使って、どの日にどの課題をやるかを書き込むだけでも、見通しが立てやすくなりますよ。

ところで、夏休みは比較的自由な時間が多く取れるときです。私が皆さんに希望するのは、課題を進める中でも、また課題とは関係のないところでも、**どんなことでもよいので何かに挑戦してみてほしい**ということです。

例えば、自由研究で普段はあまり興味がない分野に挑戦してみるのもよいでしょう。新しいことに挑戦することで、今まで知らなかった世界が広がり、自分自身の成長につながります。

□**ねらい**

夏休みの有意義な過ごし方、挑戦することの大切さについて考えさせる。

■**ポイント**

課題の具体例をいくつか出して、関心を高めてもよいでしょう。

失敗を気にせずにどんどん挑戦してみましょう。

これは、獺祭（だっさい）という有名な日本酒についての話なのですが、日本酒というのは、伝統的に杜氏というお酒をつくる職人さんの知恵と勘によって造られます。でも、獺祭を造る酒蔵さんでは、あるとき杜氏の人がいなくなってしまいました。

そこで社長は、杜氏に頼らず社員だけで酒をつくろうと思い立ちます。そのために杜氏の知恵や勘をデジタルデータにし、近代的な設備の力も借りて、おいしいお酒を造り上げたのです。「獺祭」は、今世界中で人気の日本酒になっています。

この酒蔵の社長さんは、杜氏に頼らないお酒造りという新しい挑戦に踏み切ったことで、銘酒を造ることができました。

新しい挑戦が新しいものを生み出したわけです。

夏休みは、長いようで短い時間です。

遊びも勉強もバランスよく取り組むことで、充実した夏休みを過ごすことができます。**課題だけでなく、自分の好きなことや興味のあることにも時間を使い、できれば新しいことにどんどん挑戦してみてください。**

そうした経験が、将来きっと皆さんの役に立つはずです。

■ポイント

杜氏の知恵と勘は否定することなくテクノロジーの有効性を語ります。

【参考文献】

・堀江貴文『疑う力「常識」の99%はウソである』（宝島社）

掃除

本気で掃除に取り組む

期末テストも終わり、もうすぐ夏休みがやってきますね。

夏休みの前には清掃強化週間もありますので、今日は、掃除について考えてみたいと思います。

皆さんは、教室や自分の机、ロッカーなど、身の回りをきれいにすることがどんなに大切か考えたことがありますか。

掃除は単にゴミを拾ったり、床を拭いたりするだけではありません。掃除をすることで、環境が整い、気持ちもリフレッシュされます。「床を磨くことは心を磨くこと」などと言われるように、清潔な環境を保つことで、勉強や活動に集中しやすくなり、雰囲気も明るくなります。

ところで、掃除をするときには、おざなりにするのではなく、ぜひ「本気でする」ということを心がけてみてください。例えば、床を拭くなら隅々まで丁寧に、ロッカーや棚の上を整理する際も、ただものを動かすだけでなく、不要なものを捨て、必要なものを整頓

□ねらい

本気で掃除に取り組むことの効果を伝える。

■ポイント

生徒の掃除観が変わることを願って、真摯な口調で語ります。

するなど、しっかりと取り組むことが大事です。**本気で掃除をすることで、自分自身の心も磨かれ、達成感も得られます。**

これは、作家の松浦弥太郎さんが経営する古書店「カウブックス」での話です。

カウブックスでは、「見えないところをきれいに」という気持ちから、30分で掃除できるような場所を2時間かけて掃除するのだそうです。

そんなことは無意味だと思うスタッフが多い中、数人は楽しそうに掃除をするので、ある日、松浦さんはその人たちに理由を尋ねたそうです。

すると、やると決めたからには楽しくやろうと思ってやっていたら、毎日磨いていることが自信になり、胸を張って接客できるようになったと答えたそうです。

見えないところをきれいにする気持ちで掃除をすることは、その場所を大切にすることでもあります。**自分たちの場所を大切にしているという気持ちが、自信になったり誇りになったりする**のではないでしょうか。

間もなく夏休みですが、夏休みに入る前にしっかりと教室や身の回りを掃除して、気持ちよく夏休みを迎えたいですね。

皆さんが本気で掃除に取り組むことで、きっとすばらしい成果が得られるはずです。

■ポイント

場所を大切にすることが自信にも誇りにもつながる点を強調して語ります。

【参考文献】

・松浦弥太郎『今日もていねいに。』（PHP研究所）

夏休み明け

脳を休ませる

明日から夏休みですね。

ワクワクしている人も多いと思います。

ところで、まだ夏休みが始まってもいないのに、こんな話をするのもおかしいのですが、長い夏休みが終わると、学校生活に戻るのがちょっと不安になるということがありませんか。

毎日の生活や友だちとの関係がうまくいくかどうかが心配になったり、何かわからないけれども何となく不安になったりすることがあるかもしれません。

そこで、そんな不安を軽くするにはどうすればよいかを、皆さんに伝えておこうと思います。よく聞いて、ぜひ試してみてください。

まず、夏休みが終わる前に、少しずつ学校のリズムに戻る準備をしましょう。学校の日課に合わせて生活をしてみるといいですよ。それから、心配なことはだれかに聞いてもらいましょう。紙に書き出してみるだけでも不安が軽くなることがあります。

□**ねらい**

夏休み明けの不安を軽減する方法を伝える。

■**ポイント**

生徒の不安な気持ちに共感するように語ります。

さらに、不安を軽くするには、リラックスすることが効果的です。夏休み中は、脳を休めてリラックスする時間をしっかり取りましょう。

脳が疲れてくると、前頭前野と呼ばれる、脳内の複雑な処理を担当する部分の働きがだんだんと低下してくるそうです。

そうなると、考え方や気持ちを切り替えるのが難しくなってしまい、不安な気持ちが切り替えられなくなったり、少しのことにも反応し過ぎてしまったりするそうです。

この状態を落ち着かせるには、脳を休ませる必要があります。お風呂に入ったり、ストレッチをしたり、自然の中で過ごしたりして、脳と心をオフモードにしてあげるとよいそうです。

こう考えてみると、**不安を感じたり心配になったりするのは、そのことが本当に心配されるようなことなのではなく、脳が疲れていてそう感じるだけかもしれませんね。**

2学期が近づいてきたら、脳と心がリラックスできるようなことをしながら、学校のリズムに合わせて生活をしてみてください。

夏休みを思いっきり楽しみ、また元気に会いましょう。

■ポイント

脳の各部分の役割がわかるようなイラストがあるとより伝わりやすいでしょう。

【参考文献】

・樺沢紫苑『精神科医が教える　幸せの授業』（飛鳥新社）

進路選択

思っているだけで何もしないのは、本気ではないということ

7月に入り、まもなく1学期が終わりますね。

節目の時期ですから、今日は、皆さんと進路について考えてみたいと思います。

まず、進路を決める際のポイントについて考えてみましょう。

進路選びは、自分の将来を考える大切なステップですから、まず第一は、自分の興味や関心は何かを考えることです。それが、進路を決めるうえでの第一歩です。

次に、自分の強みや得意なことを知ることも重要です。得意な科目があるなら、その科目に関連する進路を考えたりするとよいでしょう。

さらに、将来の目標や夢も考慮に入れましょう。例えば、将来の職業やライフスタイルをイメージすることで、今後の進路選びが具体的に見えてくることがあります。

ところで、進路を決めてそれで安心してしまってはだめです。**進路を決めた後は、その決定に対して行動することが大事**です。一歩踏み出すということです。例えば、進学するための勉強を始めたり、必要なスキルを身につけるための計画を立てたりしましょう。

□ねらい

進路選択に際しての心構えを伝える。

■ポイント

項目を書いたプレートを準備してもよいでしょう。

July 7

これは作家のひすいこたろうさんの話ですが、ひすいさんは、いつか本を書きたいと思っていたのですが、方法がわからなかったので何もしなかったそうです。

そんなある日、あるセミナーでグループになった人の中に作家さんがいたので、自分の夢を話したそうです。

すると、その作家さんが「原稿は？」と聞くので、「まだ書いてない」と答えたところ、厳しくダメ出しをされたそうです。

「ミュージシャンを目指しているけどまだ1曲もつくってないような人が、ミュージシャンになれると思うか」と。

本気で思っているなら、今すぐに走り出すことが大事だということですね。思っているだけで何もしないのは、本気でないということです。

これから始まる夏休みは、自分の進路についてじっくりと考える時間をもつ絶好の機会です。

いろいろな情報を集めることで、自分の興味や目標に合った進路をしっかりと見つけてください。

そして、**いったん進路を決めた後は、その目標に向けて着実に行動を起こしていくことが、成功へのカギ**になります。

■ポイント

ミュージシャンの言葉はやや厳しい口調で語るとよいでしょう。

【参考文献】

・ひすいこたろう『あなたの人生がつまらないと思うんなら、それはあなた自身がつまらなくしているんだぜ。』（ディスカヴァー・トゥエンティワン）

新学期、リスタート

古いものを捨てる勇気

夏休みが終わり、新学期が始まりましたね。

夏休み中にたくさんの経験を積み、新しい発見や学びがあったことでしょう。

新しい学期が始まるこの時期は、新しい気持ちでスタートを切ることのできるよい時期でもあります。

気持ちも新たに取り組んでいきましょう。

ところで、気持ちを新たにすることには、どのようなよい点があるのでしょうか。

新しい気持ちで物事に取り組むと、これまでの考えや習慣にとらわれず、新しい視点で問題を見つめ直すことができます。

例えば、それまでどうしてもうまくいかなかったことが、新しいアイデアで解決できるかもしれません。気持ちをリセットすることで、心の中に余裕が生まれ、新しいアイデアや解決策が見つかりやすくなります。

しかし、**新しい気持ちで取り組むためには、古いものを捨てる勇気も必要**です。今まで

□**ねらい**

新しい気持ちで取り組む際、時には古いものを捨てる勇気も必要であることに気づかせる。

■**ポイント**

新学期なので、フレッシュな口調で語ります。

通りにやるのはある意味安心ですが、同じことの繰り返しになり成長がありません。それまでの考えや習慣にとらわれず、前向きに進んでいくことが大切です。

これは、無添加の石けんづくりに挑戦した森田光徳さんという方の話ですが、洗剤メーカーとして成功していた森田さんは、あることをきっかけに、苦労して無添加の粉石けんをつくります。

これが体にとてもよいことがわかり、今までの洗剤の製造をやめ、粉石けんの製造に変えることを決断します。

ところが、最初はなかなか売れず、売り上げは100分の1くらいになり、従業員はどんどん辞めてしまいました。しかし、それでも信念を守って製造を続け、やがて全国に知られるようになったそうです。

新しいことを始めるために、森田さんはそれまでのものを捨てたのですね。

2学期は、学校祭や体育祭などのイベントが控えています。皆さんそれぞれが、気持ちを新たにして、一致団結して、盛り上がっていきましょう。

今までの古い考えやなんとなく続けていた習慣を止めて、新しい気持ちで挑戦し続けることが、自分自身の成長につながります。

充実した学校生活にしていきましょう。

■ポイント

洗剤メーカーとしての成功を捨てたという部分を強調して語ります。

【参考文献】

・沢辺克己『好信楽：シャボン玉石けん社長森田光徳聞書』（西日本新聞社）

粘り強さ、根気

粘り強さが成果を生む

皆さんは、これまでに何度か挫折や失敗を経験したことがあると思います。

そのとき、皆さんはどうしましたか。

あきらめてしまいましたか。

それとも、もう一度挑戦してみましたか。

どちらを選ぶかで、未来は変わってしまいますよね。


例えば、勉強のことで考えてみましょう。

数学の問題が解けないとき、最初は「難しい」と感じるかもしれません。でも、そこであきらめずに何度も問題に取り組むことで、少しずつ理解できるようになります。わからなかった問題が解けたときの喜びは、とても大きいですよね。

　スポーツでも同じことが言えます。バスケットボールやサッカーなど、最初はうまくできなくても、毎日練習を続けることで少しずつ上達していきます。自分のプレーがうまくいったときは、今までの努力が報われたと感じることでしょう。

□**ねらい**
粘り強く取り組むことの大切さを伝える。

■**ポイント**
生徒に身近な具体例をさらにいくつか紹介してもよいでしょう。

このように、あきらめずに根気よく続けることで、自分の能力を高め、最終的には成功を収めることができます。

本居宣長の名前は聞いたことがあるでしょう。『古事記伝』の著者として、国学者として有名ですね。

実は、宣長は木綿問屋に生まれました。商人になるため木綿商に見習いに行ったり、紙問屋の養子になったりしますが、どれも長続きしなかったそうです。

そこで、医学を学んで医者になりました。なかなか生活が定まらなかった宣長が、根気よく努力を続けたのが国学で、35年間の努力の集大成が『古事記伝』44巻でした。

これも、根気よく続けることのすばらしさの1つの例ではないでしょうか。

1つの目標に向かって努力を続けることは、時には大変かもしれません。

でも、その過程で学ぶことや得ることはとても多いのです。

たとえ1、2回失敗しても、それは新しい挑戦へのステップだと思い、失敗を恐れず、何度でも挑戦してみてください。

自分自身の成長を信じて、根気強く努力を続ければ、必ずすばらしい結果が待っていると思いますよ。

■ポイント

本居宣長や古事記伝の写真などがあると伝わりやすいでしょう。

【参考文献】

・藤尾秀昭『小さな人生論・3』（致知出版社）

基本的な生活習慣

あいさつ、掃除、言葉づかい

長い夏休みが終わって2学期が始まりました。

夏休みと生活のリズムが変わっていますから、まだ慣れないという人もいるかもしれませんね。

そんなときだからこそ、基本的な生活習慣を見直してみましょう。

まず、基本的な生活習慣とは何でしょうか。

何となくわかっていると思いますが、確かめておきましょう。

基本的な生活習慣とは、毎日の生活の中で規則正しく行うべきことで、例えば、きちんと食事をしたり、睡眠をとったり、整理整頓をしたりすることや、時間を守ったり、あいさつをしたり、正しい言葉づかいをしたりすることです。

このうち、整理整頓をするとか、時間を守るとか、あいさつや言葉づかいなどは、学校生活を送るうえでも特に大切なことですね。

身の回りの整理整頓をしたり教室をきれいにしたりすれば、その場で過ごしていても気

□ねらい

基本的な生活習慣の見直しをさせる。

■ポイント

日常生活での生徒の姿をいくつか取り上げて紹介してもよいでしょう。

持ちがよいものです。

また、お互いに気持ちのよいあいさつをしたり、正しい言葉づかいをしたりすれば、嫌な気分になることもありませんから、友人関係もよくなるでしょう。

これは香川県にあるホテルのお話ですが、川六という明治時代創業の老舗旅館がありました。しかし、だんだんと経営が苦しくなって、大きな赤字を抱えてしまいました。

そこで、思い切って「エルステージ高松」というビジネスホテルに転換したのです。どうなることかと心配されましたが、1年で経営は黒字になりました。

その秘訣は、「あいさつ、掃除、電話」を徹底したことにあったそうです。これらを徹底することで、「強みは接客」という形をつくったのです。

「あいさつ、掃除、電話」も基本的な生活習慣ですね。それらを徹底することで、お客さんが増えていったわけです。

基本的な生活習慣を整えることで、皆さんの生活も充実し、学校生活も楽しくなります。自分の生活習慣を振り返って、改善できるところを見つけて実践してみましょう。

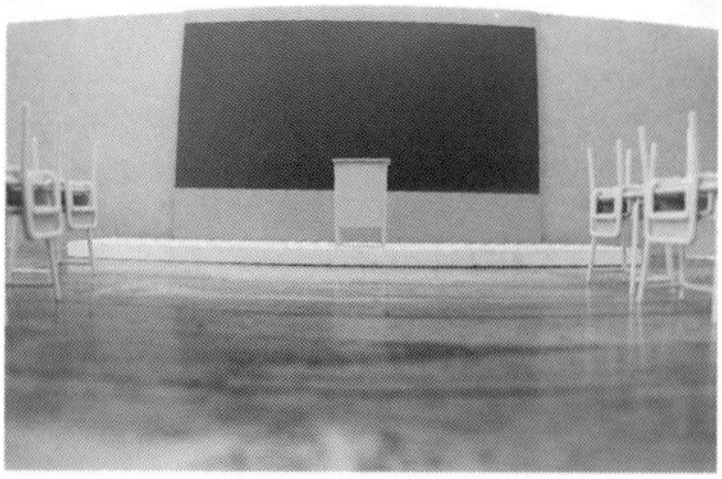

【参考文献】
・宝田圭一『地域でいちばんピカピカなホテル 「人も施設も輝き出す」すごい仕組み』(あさ出版)

志、将来の目標

志を立てる

今日は、「志を立てる」ということについて考えてみたいと思います。

まず、志とは何かを考えてみましょう。

志とは、自分が将来どうなりたいか、何を成し遂げたいかという目標のことです。

皆さんが、毎学期立てている目標と似ていますが、志というのはそれよりももう少し長期的な目標です。

例えば、将来医者になりたい、スポーツ選手になりたい、世界中の人が幸せになれるような発明をしたい、などといった目標のことです。

志をもつことで、自分の進むべき道がはっきりと見えてきます。

中学校では、勉強や部活動、友だちとの関係など、たくさんのことに取り組む機会がありますね。

そのときに、志をもっていると、どの活動が自分にとって重要なのかを見極めることができます。

その結果、自分の長所や才能をさらに伸ばすことができます。

□**ねらい**

志を立てるという意識をもたせる。

■**ポイント**

「志」という言葉を強調するような口調で語ります。

また、志をもつことで、毎日の生活が充実します。

例えば、将来、サッカー選手になりたいという志をもっていると、毎日の練習に対する意識が変わってきます。練習が、ただの作業ではなく、目標に向かっての大切な一歩だと感じられるでしょう。

幕末の福井藩に橋本左内という侍がいました。

藩主松平春嶽の側近として活躍した人で、皆さんも名前を聞いたことがあるかもしれませんね。

左内は、15歳のときに『啓発録』を書きます。これは、左内が自分自身を厳しく律するために書き留めたものです。

この中で、左内は自らを戒めることとして、5つの項目をあげています。「稚心を去れ」「気を振え」「志を立てよ」「学を勉めよ」「交友を択べ」です。

15歳で自身の将来に対する覚悟を決めたと言ってもよいでしょう。

志を立てることは簡単ではありません。

まだ将来のことがよくわからない人も多いでしょう。それでも、**志をもつことで毎日の生活が豊かになり、自分の未来に対する希望がふくらむ**と思います。

ぜひ自分の志を見つけて、それに向かって一歩ずつ進んでください。

■**ポイント**

「15歳」を強調して語り、5つの項目も簡単に解説をするとよいでしょう。

【参考文献】

・藤尾秀昭『小さな人生論・3』（致知出版社）

困難との向き合い方、リセット

逃げることも選択肢の1つ

皆さんは、毎日生活をしている中で、勉強や部活、人間関係など、がんばってもなかなか結果が出なかったり、解決できなかったりすることがあるのではないでしょうか。

そんなとき、皆さんはどうしていますか。

「もっとがんばらなきゃ」と、自分に厳しく考える人が多いのではないでしょうか。

今日はその反対、時には逃げることも大切だということを知ってほしいと思います。

「逃げる」という言葉には、なんとなくネガティブなイメージがあるかもしれません。

でも、逃げることは必ずしも悪いことではありません。

むしろ、逃げることで自分を守り、リセットするチャンスを得ることができるのです。

逃げることでリセットし、新たな視点をもつことができると、解決策が見えてくることもあります。

例えば、部活動でうまくいかないことがあった場合、いったん距離を置いてみることで、自分が本当にやりたいことや、改善点が見えてくることがあります。

□ねらい
時には逃げてリセットしてもよいということに気づかせる。

■ポイント
明るい口調で語り、ネガティブイメージを払拭します。

また、人間関係で悩んでいる場合にも、相手と距離を取ることで気持ちが楽になることもあります。

小説『若きウェルテルの悩み』や、詩劇『ファウスト』など、広い分野で重要な作品を残したゲーテは、30代のころ次々と仕事が舞い込んできて、とても忙しくなりました。政治家として消防法の改正や道路の整備、財政の立て直しを行うなど、仕事はいろいろな方面に及び、さらにゲーテの出世をねたむ人との人間関係にも悩んでいました。

そして、ついにゲーテは仕事を休んで、だれにも行き先を告げることなくイタリアへ2年間も逃亡してしまいます。その後、このときの経験を『イタリア紀行』としてまとめました。

数々の名作を残した文豪ゲーテも逃げ出してしまったわけですが、それによって生活をリセットでき、それが後の作品にもつながったわけです。

新学期は新しいスタートのときですが、自分のペースで取り組むことを大切にし、無理をしないでください。

そして、**どうしても辛いときや困ったときは、逃げることも選択肢の1つ**だということを覚えておいてください。

皆さんの成長を応援しています。

■ポイント

ゲーテが逃亡したところは、やや間をとって劇的に語ります。

【参考文献】

・真山知幸『あの偉人は、人生の壁をどう乗り越えてきたのか』（ＰＨＰ研究所）

物事を捉える視点

ネーミングで多面的に見る

皆さんは、「多面的に見る」という言葉を聞いたことがありますか。

多面的に見るという言葉の意味は、物事をいろいろな視点から捉えて考えてみるということです。

多面的に見ることのよさはいくつかあり、公平に判断できることや、新しいアイデアを見つけやすくなることの他に、相手の気持ちを想像しやすくなったり、自分の長所がよくわかったりします。

こんなふうに、多面的に見ることにはよいことがたくさんあるのですが、いざ多面的に見ようと思うと、どうすればよいのか困ってしまうことがあります。

そこで、今日は多面的に見るための1つのやり方を紹介しましょう。

それは、ネーミング、名前をつけることです。

多面的に見ようとするものの特徴や性質をよく表した名前を、いくつでも思いつくだけ考えてみます。

□ねらい

物事を多面的に捉えることの大切さに気づかせる。

■ポイント

多面的に見ることの具体例を語るとわかりやすいでしょう。

そうすることで、そのもののいろいろな面を見ることができます。

「男前豆腐店」という楽しい名前の会社があります。

その会社の社長である伊藤信吾さんは、お父さんの経営する豆腐会社に入社したとき、豆腐がなかなか売れずに苦労しました。

そこで、いろいろな豆腐を開発します。あるとき、寄せ豆腐から自然に水が抜けていく豆腐を開発し、水が下の容器にたまることから、「水もしたたるいいトーフ」というキャッチコピーを考えました。そして、「水もしたたるいい男」という言葉から発想し、「男前豆腐」という名前で売り出して大評判となりました。

豆腐の水がずっと抜け続けるという特徴をキャッチコピーにしたのですね。

このように、**特徴や性質を名前にすることで、そのもののよさや特徴がよくわかるようになるもの**です。

いろいろな名前を考えれば考えるほど、特徴や性質も増えていきます。

多面的に見たいと思ったら、特徴や性質をたくさん名前にしてみてください。

■ポイント

楽しいネーミングなので、明るく軽妙に語ります。

【参考文献】

・伊藤信吾『風に吹かれて豆腐屋ジョニー』（講談社）

体育祭

結果よりも過程が大事

そろそろ体育祭が近づいて来ましたね。

体育祭は、みんなが力を合わせて取り組む大切な行事です。各学級の団結力を高めて、最高の体育祭にしましょう。

学級対抗の団体種目の練習などが始まると、うまくいかないことや、思い通りに進まないこともあると思います。

しかし、協力して一つひとつ乗り越えていくことで、クラスの絆はさらに強いものになると思います。みんなで励まし合いながら、有意義な体育祭になるようにがんばっていきましょう。

ところで、体育祭に取り組む際に大切にしてほしいことがあります。

それは、「結果よりも過程を大事にする」ということです。

もちろん、勝ちたい気持ちはわかりますが、それ以上に大切なのは、どれだけ努力して練習に取り組んだか、どれだけ仲間と協力できたかということです。その過程で得られる

□**ねらい**

体育祭への参加の心構えを考えさせる。

■**ポイント**

「結果よりも過程を大事にする」という部分を強調して語ります。

経験や成長は、勝敗以上に価値のあるものです。
それに、実は過程を大事にしたときの方が、結果にこだわったときよりも勝てることがあるようです。

かつて「さわやかイレブン」と言われ、部員11人で甲子園で準優勝した、徳島の池田高校の話です。なぜ部員が11人しかいなかったかというと、練習が厳しくてやめた生徒が多かったからです。

池田高校はその前の年に甲子園に初出場したため、連続出場を目指して練習を強化したのでした。では、残った11人はどこが違ったのかというと、甲子園で勝ちたいという欲がなかったと監督は言っています。勝ち負けではなく、ただ強くなりたいという意欲が強かったのだそうです。

勝ちたいという気持ちが強過ぎると、「勝つためにどうするか」というかけひきを考えてしまい、集中力が切れてしまうのではないかと思います。

体育祭の優勝は結果です。**練習も当日も、全力で取り組むことに集中し、体育祭を楽しみましょう。**

そして、体育祭が終わったときに、みんなで笑顔で振り返ることができるようにしましょう。そのとき結果がついてきていれば最高ですね。

■**ポイント**

「勝ちたい欲がなかった」という部分を、強調して語ります。

【参考文献】

・蔦文也『攻めダルマの教育論』(ごま書房)

読書

読書は身を助ける

10月になり、秋の深まりを感じる季節になりましたね。

秋は本を読むにはぴったりの季節です。

そこで今日は「読書の効用」について考えてみたいと思います。

皆さんは読書は好きですか。

中高生になるとあまり本を読まなくなるという人も多いです。でも、読書にはよい面がたくさんありますよ。

1つ目は、**読書は知識を広げる**ということです。本を読むことで、私たちは様々な知識を吸収することができます。例えば、歴史の本を読めば、過去の出来事や人々の生き方を学び、社会がどのように形づくられてきたのかを知ることができます。

2つ目は、**読書は想像力を豊かにする**ということです。本を読むことで、私たちは文章から情景や登場人物を頭の中に思い浮かべることが求められます。この過程で、私たちの想像力が鍛えられ、より豊かな発想力が身につきます。

□**ねらい**

読書に対する関心を高めさせる。

■**ポイント**

本を何冊か見せながら語るのもよいでしょう。

October 10

3つ目は、**読書は身を助ける**ということです。昔から「本は心の糧」と言われるように、読書は私たちの心を豊かにし、困難に直面したときに力を与えてくれます。例えば、悩み事があるときに、本が人生のヒントをくれることもあります。

アメリカの第40代大統領、ロナルド・レーガンは元俳優でした。テレビ番組の司会が縁で大会社の工場で講演を頼まれ、130か所以上の工場で講演をしました。

そのスピーチ原稿を書くときに、読書が大いに役立ちました。レーガンは大変な読書家で、歴史、哲学、政治、経済、文学と何でも読み、気に入ったフレーズはノートに書き留め、スピーチに引用しました。

やがて、彼のスピーチは評判になり、選挙の応援演説を頼まれるようになり、彼自身を政治家として推薦する声が高まってきたのです。

レーガンにとって、読書が政治家を目指すうえで大きな力になったのだと思います。

このように、読書にはたくさんの効用があります。**読書を通じて得られる知識や想像力、そして心の豊かさは、必ず皆さんの将来に役立つでしょう。**

ぜひたくさんの本を読んで、読書の秋を楽しんでください。

■ポイント

ロナルド・レーガンの功績も紹介すると、より関心が高まるでしょう。

【参考文献】

・早見俊『人生！逆転図鑑　山あり谷ありの32人に学ぶ成功の法則』（秀和システム）

約束

約束を守ることの大切さ

皆さんは毎日の生活の中でいろいろな約束をすると思いますが、約束を守ることは、友だち関係をよくするうえでとても重要ですね。

今日は「約束を守る」ということについて、一緒に考えてみましょう。

例えば、友だちと遊ぶ約束をしていたとしましょう。

でも、他にやりたいことができてしまい、約束を破ってしまったとします。

そのとき、友だちはどんな気持ちになるでしょうか。きっと悲しくなったり、怒ったりするでしょう。

約束を守るとは、相手に対する思いやりと信頼を示す行動なのです。

ですから、約束は軽々しくしないようにすることが大切です。よく考えて、自分が本当にできることを約束するということです。

もしも急に都合が悪くなったりして、約束を守れそうになかった場合は、早めに相手に連絡をすることが必要です。

□**ねらい**

約束を守ることの大切さを伝える。

■**ポイント**

真面目で誠実な口調で語り、約束を守ることの大切さを伝えます。

でも、約束は守るということが基本ですから、そのことをよく考えて約束をしたいものです。

それが自分の言動に責任をもつということでもあります。

これは『今昔物語集』という、日本の昔の書物に載っているおとぎ話ですが、2匹の子猿を育てている母猿がいました。

子猿を置いてえさを探しに行くのが心配になり、ライオンに子猿を見ていてほしいと頼みます。ライオンは引き受けますが、ついうとうとしている間に、鷲に子猿をさらわれてしまいます。ライオンは事情を話すのですが、鷲も自分が生きるために仕方がないと言って返してくれません。そこでライオンは自分の爪で自分の太ももの肉を切り裂いて鷲に与え、子猿を返してもらいます。

これは実際の話ではありませんが、平安時代の昔から、日本人はこれほど約束を守ることを大事にしていたということがよくわかりますね。

これから皆さんは、様々な場面で多くの約束をすることになるでしょう。

どんなときでも、約束を守ることの大切さを忘れずに、一つひとつの約束に真剣に向き合ってください。約束を守ることは、皆さん自身の成長にもつながるすばらしい習慣ですからね。

■**ポイント**

やや衝撃的な内容なので、つくり話であることを強調します。

【参考文献】

・窪島一系『現代人のための仏教説話50』（佼成出版社）

定期テスト、努力

あり得ないほどの努力

そろそろ定期テストの時期ですが、テストにも慣れてくると、最初のころのような緊張感がなくなって、何となく計画を立てて何となく勉強をして…、となりがちですね。

そこで、改めて学習の仕方について考えてみてはどうかと思います。

皆さんの中には、勉強をがんばっているのに、なかなか成績が伸びないと悩んでいる人がいるかもしれません。

原因はいろいろあると思いますが、意外に気づかないことがあります。

それは、**自分の今の力に自分で満足してしまっている**ということです。別の言い方をすると、「これくらいでいいかな」「これぐらいで仕方ないな」と思ってしまうということです。つまり、無意識に自分で自分の力を抑えてしまうのですね。

これを打ち破る方法があります。

それは、一度、あり得ないほどの努力をしてみることです。**自分には無理かもしれないと思えるほどの努力をしてみる**のです。

□**ねらい**

学習への取組をもう一段高める意識をもたせる。

■**ポイント**

「これくらいで…」という部分をゆっくり強めに語ります。

これは、勉強とは少し違うのですが、幻冬舎という出版社の社長をされている見城徹さんがまだ20代のころの話です。

見城さんはどうしても石原慎太郎さんに本を書いてほしいと思っていたのですが、大作家で政治家の石原さんですから、中途半端なことでは無理だと思ったそうです。

そこで見城さんはどうしたか。

石原さんの小説『太陽の季節』と『処刑の部屋』を全部暗記して、石原さんの前で暗唱して見せたそうです。石原さんは苦笑しながら、見城さんと仕事をすると言ってくれたそうです。

本をまるまる1冊暗記するなんて、あり得ませんね。でも、見城さんはそのあり得ない努力をやり遂げ、自分の夢を実現させました。

皆さんも、あり得ないほどの努力をすることで、何かが大きく変わっていくことがあるのではないかと思います。

今回の定期テストを大きく変わるチャンスにしてみてはいかがでしょうか。

■ポイント

すごい行動なので、驚きをもって語るようにします。

【参考文献】

・見城徹、藤田晋『憂鬱でなければ、仕事じゃない』（講談社）

恋愛

自分自身を見失わない

皆さんも、好きな人ができたり、友だちと恋愛の話をしたりすることが増えてきたのではないでしょうか。

恋愛は楽しくてワクワクすることが多いですね。

でも一方で、悩みや不安を感じることもあると思います。

そこで、今日は、恋愛に際して大切なことを一緒に考えてみたいと思います。

まず、恋愛はお互いに尊重し合うことが大切です。相手の気持ちを理解しようと努めると同時に、自分の気持ちも正直に伝えることが必要です。

また、**恋愛は自分自身を見失わないことも必要**です。好きな人ができると、その人のことで頭がいっぱいになったり、その人の言動に一喜一憂したりすることがあります。

しかし、他人の気持ちに振り回されすぎると、自分の本来の生活や気持ちが見えなくなってしまうことがあります。自分の気持ちをしっかりもって、相手に振り回され過ぎないようにすることが大切です。

□ねらい

相手に振り回されず、自分自身を見失わないことが重要であることを伝える。

■ポイント

明るく爽やかな口調で、真面目に語るように心がけます。

October
10

これは、ある人が、自分の尊敬する先生に恋愛について相談をしたときの話です。

その人が就いている仕事はとても大変で、結婚して家庭などもてないと思っていたのですが、交際する方がいて悩んでいたのです。

これに対して先生は次のようにアドバイスします。

「自分の仕事に全力で取り組むのがよい。縁があれば結婚できる。でも、相手に振り回されるなら挫折するだろう」

それで、その人は仕事に全力で取り組みました。

すると、不思議なことに、交際相手が仕事を手伝いに来てくれるようになり、結婚することになったそうです。

相手に振り回されないというのは、相手のことを考えないということではありません。自分自身を見失わないようにすることが大事だということです。

恋愛は1つの経験であり、学びでもあります。

自分を見つめ直す機会と捉えれば、皆さんの成長につながるでしょう。

相手に振り回され過ぎないように、自分自身をしっかりもって、お互いが成長できるようになれるといいですね。

■ポイント

デリケートな話題なので、おだやかに優しく語ります。

【参考資料】

・致知出版社ウェブサイト「ドヤ街に来られた森信三先生にぶつけた恋愛の相談　29歳男性へ」

悩み、見返り

悩みやストレスの原因

皆さんに質問です。

だれかに親切なことをしたとき、「ありがとう」と言われるとうれしいですよね。

でも、時に感謝の言葉が返ってこないこともあります。

そんなとき、がっかりしたり、悲しくなったりすることはありませんか。

なぜ悲しくなるのでしょうか。

それは、だれかに親切なことをしたときに、その相手からお返しに何かしてもらうことを期待しているからです。期待しているのに何もしてもらえないから、悲しくなってしまうのです。

実は、私たちの悩みやストレスの多くはこのことが原因です。

相手に何か見返りを期待していて、それがかなえられないからストレスを感じたり悩んだりしてしまうのです。

ということは、相手に何かをしてあげても、相手から何も見返りを期待しなければ、悩みやストレスの多くは感じないで済むということになります。

□**ねらい**

陥りがちな悩みやストレスの1つの解決法を提示する。

■**ポイント**

「期待しているから悲しくなる」という部分を強調して語ります。

October 10

これは、あるお寺のお坊様のお話です。

このお坊様は、毎日決まった時刻に、お寺の近くを散歩されていました。

散歩の途中で毎朝出会う人がいました。

お坊様は毎朝その人に「おはようございます」とあいさつをして会釈をしていましたが、相手の人はお坊様を無視していて一切返事をしなかったそうです。

でも、お坊様は毎朝笑顔で「おはようございます」と言い続けたそうです。

そして、3年経ったある日のこと、その相手の人がついに「おはようございます」とあいさつを返してくれたそうです。

もしもお坊様が、相手からの見返りを期待していたら、相手の人があいさつを返さないことにストレスを感じ、3年もあいさつを続けることはできなかったでしょう。

見返りを期待しなかったから、悩まずに続けられたのだと思います。

このように、見返りを求めないことで、自分自身の悩みやストレスが軽くなり、よりよい人間関係を築くことができます。

見返りを求めない心のゆとりをもちたいものですね。

■**ポイント**
お坊様と相手の人とが両側にいるような感じで体の向きを変えながら語ります。

【参考文献】
・小林正観『すべてを味方　すべてが味方』（三笠書房）

自信、自己暗示

自分に暗示をかける

今日は、自分に自信をもつことの大切さについて考えてみたいと思います。

勉強や部活、人間関係など、日々いろいろなことに悩むことがありますね。

それは、皆さんが成長している証拠でもありますから、自然なことです。

でも、そんな時期だからこそ、自分に自信をもつことも大切になります。

自分に自信があると、困難なことにも立ち向かえるし、新しい挑戦をする勇気も出てくるからです。

でも、「どうやって自信をもてばいいの？」と思う人もいるかもしれません。

そんなときに役立つ方法の1つが、自分に暗示をかけるということです。

自分に暗示をかけるとは、**ポジティブな言葉を自分に言い聞かせること**です。

例えば、「自分は絶対できる！」とか「私はきっと成功する！」といった言葉です。

最初はただの言葉かもしれませんが、何度も繰り返すことで、その言葉が自分の中にしっかりと根づいて、自然と自信がわいてきます。

□**ねらい**
自信をもつことの大切さを伝える。

■**ポイント**
方法を伝える前には間を取り、生徒の関心を高めます。

October
10

アメリカに、カーク・ダグラスというとても有名な映画俳優がいましたが、彼の家はとても貧しかったそうです。

学校に通っていたころは、成績も悪くて不良少年でした。

でも、あるとき担任の先生が、学校の劇でちょっとした役をやるようにと彼に言いました。特に彼が選ばれる理由はなかったそうですが、先生は彼の演技を「上手だ」とほめてくれたそうです。

そのひと言がきっかけとなって、彼は演劇の道を選んだそうです。

カーク・ダグラスはアカデミー主演男優賞にもノミネートされたことがありますから、もともと演技の才能があったのかもしれません。

でも、その才能が花開いたのは、先生のポジティブな言葉かけがあったからではないでしょうか。

皆さんも、何かに挑戦する前や不安なときには、自分で自分にポジティブな言葉をかけてみてください。

例えば、明日のテストが不安なら、「私はしっかり勉強してきた。できるはずだ」と自分に言い聞かせるのです。

最初は照れくさいかもしれませんが、続けることで自信がついてきますよ。

■ポイント

生徒一人ひとりの才能を信じる気持ちを込めて語ります。

【参考文献】

・七田眞、七田厚『夢を叶える人の人間学』(Wonder Note)

厳しさ、成長

厳しさが人を成長させる

今日は、「厳しさ」について皆さんと考えてみたいと思います。

厳しさというと、少し怖いイメージがあるかもしれませんが、実は私たちが成長するためにとても大切なものです。

では、どうして厳しさが私たちを成長させるのでしょうか。

厳しさとは、簡単にいうと、私たちが自分の限界まで、または限界を超えて挑戦することです。例えば、部活動で限界まで練習をしたり、テスト勉強をそれまで以上に時間をかけたりすることです。

厳しさを経験することで、私たちは新しいスキルや能力を身につけることができます。

さらに、厳しさを乗り越えることで、困難な状況でもあきらめずに努力を続ける忍耐力を養うことができます。

また、自分自身をコントロールし、目標に向かって計画的に行動する自己管理能力も養うことができます。

しかし、厳しさは時に辛く感じることもあります。

□**ねらい**

困難も厳しさも成長には必要なものであることを伝える。

■**ポイント**

「厳しさ」についての内容なので、毅然とした態度で力強く語ります。

October

10

できれば避けたいと思うこともあるでしょう。でも、**辛さを乗り越えることで得られる達成感や成長の喜びは、とても大きなものになる**のです。

有名な話ですが、徳川家康は幼いころ、人質として今川義元に預けられていました。

義元は家来に、家康にむごい教育をするよう命じました。

ところが、家来が家康を厳しく教育しているのを知ると、それをやめさせ、毎日ごちそうを食べさせ、やりたいことは何でもさせてやれと言います。家来が不思議がると、「やさしく甘やかせて武士として役に立たぬようにすることこそ、むごい教育だ」と言ったそうです。

厳しく鍛えてしまうと家康が立派な武士になってしまい、将来自分をおびやかす存在になるかもしれないと義元は考えたのですね。

これからの学校生活においても、厳しさを経験する場面がたくさんあると思います。

しかし、その厳しさを乗り越えることで、皆さんは確実に成長していきます。皆さんが自分の限界を超えて挑戦し、成長していく姿をとても楽しみにしています。

■ポイント

家来たちは家康を厳しく教育することがむごいことだと思っていたことに気づかせます。

【参考文献】

・七田眞、七田厚『夢を叶える人の人間学』(Wonder Note)

柔軟性、発想力

先入観から逃れる

皆さんはそれぞれが所属している学級集団の一員ですね。

集団の一員でいるということは、自分が所属する場所があるということで、それによって安心感を得ることができていると思います。

もしも所属する学級がなかったら、学校に来てもどこで過ごせばいいのかわからずに、不安になることがあるでしょう。

また、集団に所属しているということは、何か困ったことが起きたときに、集団の中で互いに助け合ったり協力し合ったりして、解決できるかもしれないわけです。

そういう意味では、集団から何かよいものをいただいていると言えます。

そこで今度は、逆に学級集団のために何かできることを、各自考えてみてはどうかと思います。

とは言うものの、いざ考えるとなると、よいアイデアはなかなか簡単には浮かんでこないものです。

□ねらい

柔軟な発想で集団に貢献する意識を高める。

■ポイント

改めて学級について関心をもたせる言葉を語ってもよいでしょう。

そんなときは、普段みんなが普通だと思っているようなこと、これを「先入観」といいますが、この先入観から逃れてみることをおすすめします。

かつて大変人気があったあるテレビバラエティ番組では、収録の日の休けい時間に、出演者が楽屋でちょっとしたあそびをしたそうです。

ある日、片方の靴底にガムがついてしまったのを、いかにおもしろい発想で解決するかというあそびになりました。

ほとんどの人がどうやっておもしろくガムを取るかを考えていたところ、ある人は、もう一方の靴底にもガムをつけてバランスを取る、と答えたそうです。

ガムを取るのではなく、さらにつけるという発想だったわけです。

靴にガムがついたという問題を解決すると言われたら、普通は取ることを考えるものだと思います。しかし、**この普通を疑ってみることによって、自由な発想への道につながったの**です。

皆さんにも、こんなふうに、先入観から逃れて自由に発想し、学級のためになるよいアイデアを考えてほしいと思います。

楽しいアイデアを期待しています。

■ポイント

学級をよくするために柔軟なアイデアを出そうとする意欲が高まるように語ります。

【参考文献】

・安達元一『視聴率200％男』（光文社）

整理整頓

人生の半分は整理整頓

「人生の半分は整理整頓」というドイツのことわざがあります。

これは、整理整頓がどれだけ重要かを表すことわざです。

今日は、皆さんと整理整頓の大切さについて考えてみたいと思います。

改めて言うまでもないと思いますが、整理整頓とは、ものや時間、情報をきちんと管理し、使いやすい状態にすることです。

もう少し詳しくいうと、整理とは「要らないものを処分すること」で、整頓とは「使いやすい場所にきちんと置くこと」です。

例えば、机を考えてみましょう。

教科書やノート、筆箱がきちんと整理されていると、すぐに必要なものを見つけることができます。

逆に、ものが散らかっていると、探すのに時間がかかり、集中力も下がってしまいます。

整理整頓された机なら、勉強に集中しやすく、効率よく学ぶことができます。

October 10

□**ねらい**

整理整頓することの大切さを伝える。

■**ポイント**

整頓についての校長先生自身の体験や感想をはさんでもよいでしょう。

イギリスの歴史家であるトーマス・カーライルに、こんな逸話があります。

ある日、1人の婦人がカーライルを訪ね、家庭の悩みをいろいろ相談しました。するとカーライルは、その悩みには直接答えずに、次のようなことを婦人に伝えました。家の裁縫箱を見て、糸が乱れていたらきちんと巻くこと。たんすの中を調べて、散らかっていたら整理すること。

1週間後、婦人がまたやって来て、言われたことをやっているうちに、人生は整理されなければならないということがよくわかりました、と言ったそうです。

この婦人の悩みも一つひとつ整理することで解決に向かったのでしょう。


このように、**整理整頓は、ただものを片づけるだけでなく、自分自身の生活を豊かにするための手段でもある**のです。

今日をよい機会として、皆さんも、少しずつ教室や身の回りの整理整頓を心がけてみてください。

整理整頓がしっかりできると自信がつき、まわりからも信頼されるようになりますよ。

■ポイント
生徒によっては補足説明が必要かもしれないので、その場合は丁寧に解説をします。

【参考文献】
・戸田智弘『人生の道しるべになる座右の寓話』（ディスカヴァー・トゥエンティワン）

防災、避難訓練

捨てていく勇気をもつ

学校では、年に何度か避難訓練をしていますね。

災害はいつやってくるかわかりませんから、万が一のときに備えてしっかりと準備をしておくことが大切です。

よい機会ですので、今日は避難をするときの心構えについて確認しておきましょう。

まず1つ目は、**冷静に行動すること**です。避難の際に慌ててしまうと、必要なものを忘れたり、むだな時間がかかったりすることがあります。例えば、地震が起きたときには、落下物から頭を守り、指示をきちんと聞いて、落ち着いて状況を把握しましょう。

2つ目は、**自分の命を守ることを優先しつつもまわりに声をかけること**です。避難する際には、自分の命は自分で守るという意識が大事ですが、避難の行動を取りながらも、声をかけることはできます。自分の命を守ることを最優先にしつつ、できる範囲でサポートしましょう。

そして、**捨てていく勇気をもつこと**も必要です。避難する際には、最低限自分の体、自

□**ねらい**

避難する際の重要な心構えを伝える。

■**ポイント**

命に関わることなので、真剣にはっきりと語ります。

October 10

分の命だけがあればよいのです。重いバッグや不要なものを持っていると、行動が遅くなったり、転倒の原因になることがあります。捨てていく勇気はとても大事です。

こんなたとえ話があります。

グループでジャングルを探検していました。大きな川があったので、みんなで協力してその場で木を切って舟をつくり、川を渡りました。

渡り終わったところでメンバーの1人が、「また川があるかもしれないから、この舟をかついでいこう」と言いました。しかし、そんな重いものをかついでジャングルを進んでいくのは大変危険です。そのような状況では、そこに捨てていくのが正解です。

なんらかの災害で避難をしなければならない場合というのは、もしかすると、ジャングルを進んでいくよりも危険な場合かもしれません。そのようなときには、「○○は後で使うかもしれない」などとは考えないで、使わないものは捨てていく勇気をもつ必要があります。

皆さんも、避難訓練に参加するときには、このことを思い出して、真剣に取り組んでください。また、もしも実際に避難するようなことが起きたときには、いらないものを捨てる勇気をもって、安全な避難を心がけてください。

■ポイント

捨てていくのは、実際の場面では難しいものなので、強調して語ります。

【参考文献】

・桜井章一『運は「バカ」にこそ味方する』（SBクリエイティブ）

進路選択、受験勉強

基礎基本を大事にすることを忘れない

皆さんにとって、進路選択は大きな意味をもったイベントですね。
少しでもよい状態で臨むために、今からしっかりとした心構えをもつことが大事です。
今年度も半分が過ぎたこの時期、自分の進路について、改めて考えてみましょう。

入学（就職）試験に向けては、まず**目標を明確にすることが大切**です。自分がどんな学校や会社に行きたいのか、何を学びたいのかを考え、その目標に向かって努力する姿勢が求められます。例えば、将来の夢があるなら、その夢を実現するためにどんな学校が適しているかを調べてみてください。自分の実力を把握し、必要な対策を進めていくことも大切です。

次に、**基礎基本を大事にすること**も重要です。試験の問題は、基本的な知識がしっかり身についているかどうかを試すものが多いです。例えば、数学の問題を解くには、基礎的な計算力や公式の使い方を確実に理解していることが前提です。また、国語や英語でも、基本的な文法や語彙がしっかりしていないと応用力が身につきません。基礎基本がしっか

□**ねらい**
入学（就職）試験のための勉強は基礎基本が大事であることに気づかせる。

■**ポイント**
対象が限定される内容なので、全校生徒に話す際には留意します。

October 10

りしていれば、応用問題にも対応しやすくなります。

これは、ドリフトキングとも呼ばれる、自動車レーサーの土屋圭市さんの話です。

ドリフトというのは、車を横滑りさせてコントロールするテクニックで、レースなどで使われます。

土屋さんは、このドリフトのテクニック向上のためにまず一番にやることは「洗車」だといいます。洗車はメンテナンスの初歩だからです。

さらにテクニック向上のために、シート、手袋、靴にこだわることが大事だといいます。これらはドライバーが車に直に接する部分のツールだからです。

土屋さんが言っていることとは、「基本中の基本」です。でも、高度なテクニックは基本中の基本がしっかりできていてはじめて身につくものなのです。

これは、学習についても同様で、基礎基本がしっかりできていて、はじめて応用問題が解けるようになるのです。

皆さんがこれからどのように学び、どんな目標に向かって努力するかが、今後の成果につながります。

基礎基本を大事にすることを忘れず、計画的に行動しましょう。

■ポイント

「洗車」という意外な答えなので、間を取って生徒に考えさせてもよいでしょう。

【参考文献】

・土屋圭市『土屋圭市・ドリフト秘伝』（講談社）

テスト勉強

インプットとアウトプット

間もなく定期テストですね。

そこで今日は、テスト勉強の意義について皆さんと考えてみたいと思います。

テスト勉強にはいくつかの大切なポイントがあります。

1つ目のポイントは、**基礎学力の定着**です。

普段の授業で学んだ内容をしっかりと復習し、定着させることで、基礎的な知識や技能を身につけることができます。これによって、次の学年の学びにつながる土台がつくられます。

2つ目のポイントは、**時間管理と計画性**です。

テスト勉強では、限られた時間で効率よく勉強することが必要です。計画を立てて実行することで、時間の使い方や優先順位のつけ方を学ぶことができます。

3つ目のポイントは、**インプットとアウトプットのバランス**を身につけることです。

インプットとは、教科書やノートを読んで知識を頭に入れることです。アウトプットと

□**ねらい**

テスト勉強においてはインプットとアウトプットのバランスを考える必要があることに気づかせる。

■**ポイント**

学習は生徒の本分ですから、はっきりしっかり伝えます。

は、その知識を実際に使って問題を解いたり、説明したりすることです。

コロンビア大学のアーサー・ゲイツ博士の実践ですが、小学校3年生から中学校2年生までの100人の子どもに、紳士録の人物プロフィールを9分間覚えさせて、暗唱させたそうです。

その結果、最もよい結果を出したグループは、覚えること自体には約4割の時間しか使わなかったそうです。さらに、年長の生徒になると、覚えるのに約3割の時間を使ったグループが高得点を取ったそうです。

何かを学ぶとき、私たちはインプットに時間をかけようとしますが、アウトプットにより多くの時間をかけた方が、一般的にはよい結果につながるということだと思います。

もちろん、この割合は人それぞれだと思いますので、自分に合った割合を見つけるのも、テスト勉強の意義の1つではないかと思います。

テスト勉強を通じて自分に合った勉強の習慣を身につけ、将来の夢や目標に向かって進むための大きな力にしていけるといいですね。

【参考文献】
・樺沢紫苑『学びを結果に変えるアウトプット大全』（サンクチュアリ出版）

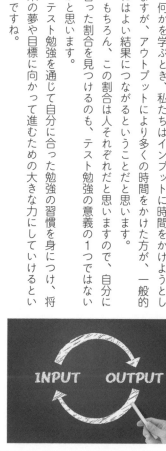

友人関係

偏見に気づく

11月も半ばに差しかかり、友だちとの関係も落ち着いてきていると思いますが、今日はもう一度、友人関係について考えてみましょう。

皆さんは毎日、友だちとどんなふうに接していますか。

友だちの話をしっかりと聞いていますか。

友人関係は、お互いに尊重し合い、理解し合うことで築かれますから、自分の話ばかりしないようにするといいですね。

また、思いやりの心をもつことも大切です。友だちが困っているときに声をかけたり、助けが必要なときに手を差し伸べたりすることですね。

さらに大切なのは、**偏見をもたないこと、偏見に気づくこと**です。相手の言動の一部分だけで判断してしまわず、その人の本当の姿を知ろうとすることです。

ところが、自分が偏見をもっていると気づくのは難しいのです。人はどうしても自分が正しいと思ってしまうからです。

□**ねらい**

友だち関係を円滑にするために心構えを伝える。

■**ポイント**

人権週間などと関連させて語ってもよいでしょう。

自分の方が正しいと思ったときは、要注意です。それが偏った見方や考え方でないか、注意して見直してみましょう。

これは、ケニアのマサイ族の戦士と結婚した永松真紀さんという方のお話ですが、ある日2人でケニアの首都ナイロビに行き、永松さんの先輩にあいさつをすることになったそうです。

ところが、永松さんの夫は、人の多いナイロビで人をよけて歩くことができなかったり、建物が全部同じに見えて道に迷ってしまったりしたそうです。

永松さんはそのことに驚きますが、やがて、驚いている自分に疑問を感じました。そして気づかないうちに文明社会が当たり前だと思っている自分の間違いに気がついたそうです。

永松さんのように、**人は知らず知らず、自分が考えていることが正しくて、相手が間違っていると思ってしまうことがある**のです。

友人関係をよりよくするために大切なことは、**「一人ひとりが大切な存在である」ということを忘れない**ことです。

みんなが心地よく過ごせる学級、学校を目指して、これからも友だちとの関係を大切にしていってください。

■**ポイント**

生徒に伝わりにくいようなら、永松さんの気づきをかみ砕いて伝えます。

【**参考文献**】

・永松真紀『私の夫はマサイ戦士』（新潮社）

人権意識

流言は智者に止まる

最近、SNSなどで、特定の人を中傷する言葉を書き込む人が増えているということですが、皆さんの中にも、見たことがある人がいるかもしれません。

そこで今日は、人権週間も近づいていることですし、「人権意識を高める」ということについて、一緒に考えてみたいと思います。

人権は、だれもがもっているもので、人はだれでも平等に扱われ、尊重されるべきだという考え方です。

しかし、悲しいことですが、この人権が守られていないことが身の回りにはあります。

例えばうわさ話です。皆さんも今までに、クラスの中でだれかのうわさ話が広まっているのを耳にしたことがあるかもしれません。うわさ話は事実でないことも多く、たとえ事実だったとしても、うわさをされている人を傷つける原因になります。しかし、私たちはそのことに気づかず、安易にうわさを広めてしまうことがあります。

これは明確な人権侵害です。もし、だれかがうわさ話をしているのを見かけたら、それ

□**ねらい**

人権意識を高めることの大切さを伝える。

■**ポイント**

人権週間と関連させて語ってもよいでしょう。

を止める勇気をもってほしいと思います。

これは、作家の伊集院静さんの子どものころの話ですが、クラスで友だちについての悪いうわさが広まったことがあったそうです。

伊集院さんは、家に帰ってお母さんにそのことを話しました。するとお母さんは、やっていた仕事の手を止め、伊集院さんの手を取って怖い顔で、違うと言ってあげたのかと聞いたそうです。そして、うつむいて黙っている伊集院さんに、これからは嫌な話やうわさ話はあなたの胸で止めるようにと約束させたのです。伊集院さんは、以来他人のうわさ話を一切しなくなったということです。

このエピソードが紹介されている本の中で、「流言は智者に止まる」という言葉が出てきます。**賢明な人はうわさ話に興味を示さないから、うわさ話はその人のところで止まる**という意味です。

私たちが人権を尊重する社会をつくるためには、まず自分自身がその意識をもつことが大切です。お互いの違いを理解し、尊重し合うことで、皆が安心して過ごせる環境がつくられます。

流言を止める智者に、まずは皆さんがなってください。

■ポイント

「流言は智者に止まる」という言葉を書いて生徒に見せるとよいでしょう。

【参考文献】

・伊集院静『風の中に立て　伊集院静のことば』（講談社）

感謝、幸福

今ここにある幸せに気づく

昨日、書類にコメントを書きながら、ふと思ったことがありました。

それは、コメントを書くのに使っているボールペンについてです。

このボールペンは、どこでも売っていて、値段も１００円くらいです。

でも、自分でこれと同じボールペンをつくろうとすれば、とても１００円でつくることはできません。

　もっとも、お金をいくら使ったとしても、私にはボールペンをつくることはできないと思います。

　そんなふうに考えてみると、私たちの身の回りには、自分１人ではどうやってもできないものが無数にあることに気がつきました。

　これは、別の見方をすれば、自分ではどうやってもつくれないようなすばらしいものに囲まれて生活をしているということで、大変ありがたく、幸せなことだと思います。

　こんなふうに、今、身の回りにあるすばらしいものに気づき、そのことに感謝しながら生活をすることができれば、毎日が幸せになるのではないでしょうか。

□**ねらい**
当たり前だと思っている今の状況がいかに幸せなものであるかに気づかせる。

■**ポイント**
ボールペン以外にもいくつか例をあげるとよいでしょう。

２０１１年のアメリカのドキュメンタリー映画『happy　しあわせを探すあなたへ』の中で、インドのある人力車ドライバーの男性が紹介されています。

彼は雨漏りのするような家に住んでいるのですが、それでも幸せだと言います。理由は、雨が降ると濡れるけれども、晴れれば星が見えるし、家族がいればそれだけで幸せだから、というのです。

私たちは、ともすると、幸せというのは何か特別なすばらしい体験をしたり、驚くようなぜいたくをしたり、使い切れないほどのお金をもったりすることだと考えてしまいがちです。

しかし、そのようなことがなくても、先にあげた映画のドライバーの男性のように、**今の自分の幸せに気づくことができれば、十分な幸福感を味わうことができる**のだと思います。

今ここにある幸せに気づいて、感謝できる人でありたいですね。

■ポイント

幸せに気づける人が幸せな人だということを生徒に伝えます。

【参考映画・文献】

・ロコ・ベリッチ『happy　しあわせを探すあなたへ（字幕版）』

・南泉和尚『日常の中で悟りをひらく10の徳目』（ディスカヴァー・トゥエンティワン）

責任、誠実

小さな仕事を誠実にやり遂げる

11月に入り、2学期も半分が過ぎたことになりますね。

毎日の生活にもすっかり慣れたこの時期、改めて「仕事に責任をもつこと」について考えてみましょう。

まず、仕事に責任をもつということは、自分が引き受けた仕事を最後まで誠実にやり遂げることです。たとえ小さな仕事でも、それを丁寧にやることが重要です。

例えば、皆さんが毎日行っている掃除です。

教室をきれいにすることは、ただのルーティンな作業ではありません。掃除をしっかりやることで、みんなが気持ちよく過ごせる空間をつくり出しています。

ひと口に掃除といっても、やることはたくさんあります。床を掃いたり拭いたりするのが中心となる大きな仕事ですが、その他にも、棚を拭いたり、ロッカーの整頓をしたり、黒板のチョークを片づけたりする小さな仕事もあります。

大きな仕事は目につきやすいため、最後まできちんとやることができますが、小さな仕

□**ねらい**

仕事に責任をもつとはどういうことかを考えさせる。

■**ポイント**

自分の仕事に真面目に、誠実に取り組む生徒を称える気持ちで語ります。

事は気づきにくく、また手を抜いてしまいやすい部分でもあります。

ということは、**仕事に責任をもつということは、小さな仕事も誠実にやり遂げること**だと言えるのではないでしょうか。

今はなくなりましたが、かつて新幹線では車内販売が行われていました。

そのころ、入社して1年目で、300人いるパーサーの中で売り上げ1位になった徳渕真利子さんという方がいます。

どうして売り上げ1位になれたのでしょう。

彼女は子どもを連れたお客様が緑茶以外の飲み物を希望したとき、自分のワゴンになければ、別のワゴンから探してまで持って来るということをしていたのです。

断っても何も問題ないのに、わずか120円のためにそこまでしていたのです。

これこそ、小さな仕事を誠実にやり遂げるということではないかと思います。

小さな仕事にも責任をもって、誠実にやり遂げることで、自分自身が成長し、まわりから信頼される存在になります。

これからの学校生活や将来に向けて、責任感をもって行動することを意識してみてください。

■ポイント

小さな仕事に真剣になることの価値が伝わるように語ります。

【参考文献】

・徳渕真利子『新幹線ガール』（メディアファクトリー）

家庭学習

必死に学ぶ経験

11月に入り、少しずつ木々が色づいてきましたね。

紅葉と同じように、皆さんの学びも深まっていくことを期待したいものです。

今日は、家庭学習への取り組み方について、考えてみましょう。

皆さんは、家庭での学習にどのように取り組んでいますか。

学校で学んだことを家で復習することはとても大切です。しかし、時間は限られていますから、できれば効率的に勉強したいですよね。

そこで、今日は家庭学習の効率を上げるためのポイントをいくつかお伝えしたいと思います。

まず、学習の計画を立てることが重要です。皆さんは計画を立てて家庭学習をしているでしょうか。毎日どの教科をどれだけ勉強するかを決め、計画的に進めましょう。

次に、環境を整えることです。静かな場所で勉強することはもちろん、机の上を整理整頓することも大切です。余計な情報は学習のじゃまになりますからね。

□**ねらい**

家庭学習の取り組み方を振り返らせる。

■**ポイント**

学習の計画を立てているかどうか、生徒に聞いてもよいでしょう。

そして、**「これ以上できない」というくらい集中して勉強する経験を一度してみましょう。**そうすることで、自分の可能性を知ることができ、それが大きな自信となります。

これは、「知の巨人」と言われた渡部昇一さんの学生時代のエピソードです。

家が貧しかった渡部氏でしたが、勉強する時間が惜しかったのでアルバイトはしませんでした。

残された道は徹底的な節約です。たばこは吸わない、喫茶店には入らない、映画は見ないと決め、4年間で革の靴は中古を1足、靴下も1足だけ買い、普段は運動靴で靴下は履かない生活をしたそうです。

こうして学業に専念し、卒業生総代として答辞を読みました。

渡部氏は結果として、勉強以外の余計なものをシャットアウトし、必死になって学業に励んだわけです。それが後の知の巨人をつくったとも言えるでしょう。

皆さんはこれから進路を考える時期に差しかかります。

自分の集中の限界を知って家庭学習の質をさらに高め、自分の目標に向かって一歩一歩近づいていってください。

皆さんのさらなる成長を楽しみにしています。

■ポイント

総代として答辞を読んだことが優秀さの証しだと説明するとよいでしょう。

【参考文献】

・藤尾秀昭『小さな人生論・2』（致知出版社）

教え合いの効果

11月も後半になり、体育祭や文化祭も終わって少し落ち着いて生活ができますね。

そんな今こそ、日頃の学習習慣について見直すチャンスだと思います。テストの勉強の仕方も含めて、自分の学習の仕方について、改めて考えてみましょう。

まず、皆さんは家庭で宿題以外の学習をしていますか。

宿題以外にも、少しずつ自分の弱点を克服する時間をつくるようにするといいですよ。

そして、例えば、数学の問題がわからなかったら、翌日友だちに教えてもらうのです。教え合うことで、お互いの理解が深まり、効率的に学べますから、友だちにとっても勉強になるのです。

もう少し詳しくいうと、だれかに教えることで、自分が本当に理解しているか確認できます。相手にわかりやすく説明するためには、自分の中でしっかりと整理する必要があるからです。

そして、教えられる側も、友だちの説明を聞くことを通して、新しい視点や理解の仕方

□**ねらい**
教え合いの価値に気づかせる。

■**ポイント**
宿題以外の家庭学習をしているか、生徒に挙手させてもよいでしょう。

を学ぶことができます。

教え合うことで、お互いの学力が向上するのです。

昔、ハンガリーがソビエト連邦の衛星国家だったときに、ロシア語が必修科目になり、たくさんのロシア語の先生が必要になったことがあったそうです。そこで、ロシア語以外の語学を教えている先生たちが、ロシア語を勉強して教えたそうです。

方法は、まず先生方が5週間ロシア語を習い、習ったことを生徒に教えながら、夜さらにロシア語を習い…ということを繰り返しました。これを「5週間先生」といったそうです。

このやり方を、皆さんの学習にも応用してはどうでしょうか。

わからないところを教えるだけでなく、**自分で予習してきたことを教え合う**のです。テスト勉強なら、テストに出る範囲を学習してきて、翌日友だちに教えるのです。

これから期末テストも近づいてきます。教え合うことで、お互いにテスト勉強を計画的に進めることができると思います。また、お互いの理解も進みます。

このように協力し合うことで、学級全体の学力が上がっていったら最高ではないでしょうか。

■ポイント

「5週間先生」はおもしろいネーミングなので、生徒の耳に残るよう繰り返してもよいでしょう。

【参考文献】

・若宮正子『独学のススメ』(中央公論新社)

自重、他者尊重

脚下を見る

11月になり、秋も深まりましたね。秋は収穫の季節といわれますが、皆さんにとっても、これまでの学習や活動の成果を振り返ってみるよい機会です。

「脚下（きゃっか）」という言葉があります。聞いたことがない人の方が多いかもしれませんね。

脚下とは、自分の足下という意味です。また、現実の自分の足下という意味に加えて、自分自身とか自分の考え方とかという意味もあります。

皆さんは、普段、自分の足下をよく見ますか。たぶん見ることは少ないのではないかと思います。

同様に、自分の行動や考えを改めて振り返ることも少ないでしょう。その結果、人の悪いところはよく目につき、それを指摘したり文句を言ったりしてしまうのに対して、自分の考えや行動の正しさは疑わず、自己主張をし過ぎてしまうことがあります。自己主張が過ぎれば、人間関係が悪くなることもあるでしょう。

□ねらい

自分の日頃の行動や考えを点検することの大切さを伝える。

■ポイント

「脚下」と聞いても文字を思い浮かべにくいので、書いて見せるとよいでしょう。

このようなことのないように、ときどき自分自身を振り返ってみましょう。**脚下を見て、自分の考えは本当に正しいと言えるか、考えの押しつけになってはいないか、といったことを点検する**のです。

江戸城の無血開城を実現させた西郷隆盛は、意外にも口論をすることが苦手だったそうです。そのため、できる限り口論にならないようにしていました。

あるとき、宮中の晩餐会に招待され、帰ろうとすると自分が履いてきた下駄が見つからなかったそうです。そんなことで人を呼ぶのも悪いと思った西郷は、小雨の中裸足で帰ったそうです。さらに城門で門衛が西郷本人だと認めなかったため、その場に濡れたまま、黙って知人が通るのを待っていたそうです。

口論が苦手なのは、弁が立たないのではなく、口論をすることが性に合わなかったのではないかと思います。自己主張をし過ぎるのが嫌だったのかもしれません。

皆さんも、自分の意見を伝えることは大切ですが、他人の意見や気持ちも尊重することを忘れないでください。

そのために、折に触れて脚下を見直してみましょう。

そして、お互いに協調しながら、よりよい関係をつくっていきましょう。

■**ポイント**
西郷の泰然とした人柄が伝わるように語り口を工夫します。

【参考文献】
・内村鑑三、岬龍一郎（翻訳）『代表的日本人』（PHP研究所）

主体性

一を聞いて十動く

今日は、「主体的に行動する」ということについて考えてみたいと思います。

主体的という言葉は、皆さんも聞いたことがあると思います。

では、主体的に行動するとはどのようなことをいうのでしょうか。

主体的に行動するとは、**自分の意思と責任に基づいて、積極的かつ自発的に行動する**ことを意味しています。

少し具体的にいうと、

・自分で考え、自分で判断し、自分で決めて行動する
・受動的ではなく能動的に行動する
・その行動や行動の結果に対して責任をもつ

といったことです。

もう少しわかりやすくするために、1つの例をあげましょう。

□**ねらい**
主体性をもって行動することの大切さを伝える。

■**ポイント**
項目はどこかに提示しておくとわかりやすいでしょう。

穀物を商う商人のところにA、B2人の若者が働いていました。

Aの給料はBの3倍でした。Bは商人に、給料に差がある理由を聞きました。

商人は、家の前を通る荷馬車を見て、何を運んでいるか聞いてくるようにBに言いました。Bは戻ってきて、「トウモロコシだ」と報告しました。

次に商人はAに同じことを言いました。Aは戻ってきて、「町長に頼まれて市場にトウモロコシを運んでいるというので、値段を聞き、少し高い値段で売ってもらうことにした」と報告しました。

商人はBに、これが給料の差の理由だと言いました。

このたとえ話の中のAがしていることが、主体的に行動するということです。Bは言われたことだけをやっていますが、Aは言われたこと以上のことをやっています。

つまり、**その場の様子を見て、自分で判断し、自分で決めて行動をしています。**しかもそれについて責任をとるつもりもあるのでしょう。

主体的に行動しなければと思ったときは、ぜひこの話を思い出してください。そして、自分で判断し積極的に行動できるように努めてください。

■ポイント

身振り手振りなどでわかりやすく説明するとよいでしょう。

【参考文献】

・戸田智弘『人生の道しるべになる座右の寓話』（ディスカヴァー・トゥエンティワン）

学校祭

感動は自分たちの手で生み出す

今日は、もうすぐやってくる学校祭について、皆さんと考えてみたいと思います。

今年の学校祭のテーマは、「感動を呼ぶ学校祭をつくろう」です。

学校祭は、皆さんにとってとても大切な行事の1つです。

普段の勉強や部活動とは違い、クラス全員が1つの目標に向かって協力するよい機会でもあります。そして、その結果として感動を呼ぶイベントが生まれます。

では、学校祭はなぜ特別なのでしょうか。

学校祭は、**皆さんが自分たちで企画し、準備し、そして実行するものだから**です。

それぞれのクラスやクラブが、自分たちのアイデアを形にするために、一生懸命に取り組む姿を見ると、本当に感動しますよね。

つまり、学校祭は皆さんが自分たちの手でつくり上げるから感動するのではないかと思います。

「感動は自分たちの手で生み出す」ということです。

□**ねらい**

学校祭は自分たちでつくるという意識を高める。

■**ポイント**

それぞれの学校祭のテーマに沿って語りを変えます。

一歩踏み出す勇気をもち、一生懸命に取り組むことで、きっとすばらしい感動が待っていると思います。

これは、新潟県の安塚町（上越市安塚区）という日本有数の豪雪地帯の話です。

東京ドームをつくるために後楽園球場が解体されるとき、その最終イベントとして安塚町から運んだトラック450台分の雪を後楽園球場に積み上げる、雪祭りイベントが行われたのです。

安塚町の町民1400人が参加し、手づくりでイベントを行い、大成功を収めました。東京の人たちとの交流などが多くの感動を呼んで、安塚町は全国に知られることになりました。

また、このイベントの成功で安塚町にも活気が出たということです。

この話からも、感動は自分たちの手で生み出すものだということがわかりますね。

学校祭を通じて、皆さん一人ひとりが成長し、仲間との絆を深め、すてきな思い出をつくりましょう。

学校祭が終わったときに、「本当に楽しかった」「がんばってよかった」と感じられるように、全力で取り組んでください。

■ポイント

トラック450台分がどれほどの量なのか、何かで例えて語ってもよいでしょう。

【参考文献】

・戸田智弘『人生の道しるべになる座右の寓話』（ディスカヴァー・トゥエンティワン）

通知表、成績

成功は失敗のもと

間もなく2学期も終わろうとしています。

終業式の後は、皆さんに通知表が渡されますね。

通知表によい評価が並んでいると、とてもうれしい気持ちになりますね。

しかし、ここで気を引き締めることが重要です。

よい成績を取ることはすばらしいですが、それで満足してしまうと、次のステップでつまずいてしまうかもしれません。通知表の結果を見て安心するのではなく、今後もさらに努力を続けることが必要です。

つまり、油断しないということです。「勝って兜の緒を締めよ」ということわざもあります。成功しても油断をするなという意味ですね。

例えば、テストで高得点を取れたとき、その成功に安心してしまうと、次のテストに対する準備が疎かになることがあります。成功したことでかえって失敗してしまうのです。

成功したときこそ、次の挑戦に向けて気を引き締めて準備をしなければなりません。

□ねらい

よい成績を取ったときこそ気を引き締めなければならないことに気づかせる。

■ポイント

気を引き締めるように、毅然とした口調で語ります。

December
12

そうしないと、次のステップで失敗してしまう可能性が高くなります。**常に前向きな気持ちをもちつつ、一方で油断せずに努力を続けることが、真の成功につながる**のです。

東北地方から北関東地方にたくさんのチェーン店をもつ「ヨークベニマル」というスーパーがあります。

あるとき、このチェーン店の中の1つのお店が、ある商業誌の主宰する「ストア・オブ・ザ・イヤー」の第1位に選ばれたことがありました。「その年の最高の店」ということですね。

しかし、そのときヨークベニマルの社長さんは、1位に選ばれても、お客様には何の関係もないから、誇る必要はないし発表することもないと言いました。「成功は失敗のもと」という考えをもっていたからです。

第1位に選ばれることで偉くなったような錯覚を覚えてしまい、それがもとで失敗し、成長が止まってしまうことを戒めたのでしょう。

皆さんがこれからも努力を続け、自分の目標に向かって進んでいくことを期待しています。そのためには、油断せず、常に成長し続ける姿勢をもってください。特に、冬休みを有意義に過ごせるようがんばってください。

■ポイント

「失敗は成功のもと」と逆の言葉なので、生徒が聞き間違えないよう注意します。

【参考文献】

・新津重幸、五十嵐正昭『ヨークベニマルの経営』（商業界）

生徒会

みんなで考えるから よいアイデアが生まれる

皆さんは全員、この学校の生徒会の会員だということを知っていますか。

生徒会の活動には積極的に参加することになっていますが、皆さんは普段からあまり生徒会を意識していないのではないでしょうか。

そこで今日は、生徒会活動に参加することの意義について考えてみたいと思います。

生徒会は、皆さん自身の学校生活をよりよくするための活動をする会です。学校のイベントや行事を企画・運営したり、委員会活動などを通じて、みんなの意見をまとめて学校に伝えたりするのが生徒会の役割です。

これらを通して、集団を自分たちで運営する力を身につけたり、友だちとの絆を深めたりすることができます。

みんなで生徒会を盛り上げるためには、何といっても、積極的に意見を出すことが大切です。**みんなで考えることでよいアイデアが出て、生徒会の活動が充実する**からです。複数の人が意見を出し合うことで新しい視点が生まれ、よりよい方法が見つかります。みん

□**ねらい**

生徒会をみんなで盛り上げる意識を高める。

■**ポイント**

生徒会に関心をもたせるために、学校の活動を紹介してもよいでしょう。

December 12

ながら意見を出し合うことで、それぞれの強みや得意分野を生かすことができます。

これは、ある駅でお弁当を販売していた会社のお話ですが、普通の専業主婦だった方がその会社で働くことになり、やがて社長になりました。

その方が社長になってから、新しいお弁当の開発を従業員みんなでするようになったそうです。それまでは、弁当に最も詳しい先代の社長が1人で考えていたのです。

みんなで新作を考えるようになってから、会社に活気が生まれ、社員も楽しく働くようになり、ヒット商品も生まれたそうです。

みんなが積極的に意見を出してお弁当を考えたことで、会社という組織が活性化し、業績もよくなっていったわけですね。

皆さんも、学級会や各委員会などで積極的に意見を出し、生徒会活動に進んで参加してみてください。皆さんの意見が学校生活をさらに充実させます。

また、来年度に向けて生徒会の役員も新しくなりますから、興味がある人はぜひチャレンジしてみてください。皆さんの力で学校をますます盛り上げていきましょう。

■ポイント

みんなで考え、みんなで意見を出すというところを強調するように語ります。

【参考文献】

・小林しのぶ『駅弁スーパーレディ　駅弁女将細腕奮闘記』（ぶんぶん書房）

冬休みの活動

アウトプットを通して学ぶ

間もなく冬休みになりますが、皆さんは冬休みにどんなことをしようと計画しているでしょうか。

冬休みは普段の忙しい学校生活とは違って、比較的時間に余裕があります。この時間を有効に使って、有意義な冬休みにしてください。

私のおすすめは「アウトプットする」ということです。

冬休みを活用して普段はできないことにチャレンジしてみてほしいと思いますが、チャレンジする内容は、おおよそ2通りに分けることができます。1つはインプットで、もう1つはアウトプットです。

インプットは入力です。勉強したり読書をしたり、映画を見たりすることです。

これに対して、アウトプットは出力です。情報を発信したり、学習や練習の成果を試してみたりすることです。

インプットも大切ですが、アウトプットはもっと大きな学びと成長につながります。

□**ねらい**

長い休みをどう活用するかについて考えさせる。

■**ポイント**

「インプット」「アウトプット」を掲示しておいてもよいでしょう。

これは、ニューヨークで東海岸最多発行部数の日本語新聞を発刊し、世界中の著名人にインタビューしたり、一緒に仕事をしたりしている高橋克明さんの話ですが、高橋さんは27歳のときに、はじめて飛行機に乗って渡米したそうです。

何もわからず、ニューヨークでジャーナリストになるという夢だけをもってです。そのときは、ビザとパスポートの違いもわからなかったのだそうです。

そんな高橋さんが成功することができた理由を、ご本人はアウトプットの行動をしたからだといいます。

高橋さんのいうアウトプットの行動というのは、何かを学ぶだけではなく、学んだことを行動に移すことなのだと思います。発信すること、やってみることです。

冬休みが明けると、新しい学期が始まります。

皆さんがこの冬休みをどのように過ごすかは、新しい学期がどれだけ充実するかに関係してきます。

冬休み、ぜひ何かしらのアウトプットにチャレンジしてみてください。

皆さんのがんばりがすばらしい結果につながることを楽しみにしています。

■ポイント

ただのアウトプットではなく、アウトプットの行動だというところを強調して語ります。

【参考文献】

・高橋克明『武器は走りながら拾え！』（ブックマン社）

1年の振り返り

よくない思い出をよい思い出に変える

皆さん、もうすぐ今年も終わりを迎えますね。4月からのことを振り返ってみると、いろいろなことが思い出されると思います。

新しい友だちができたり、部活動で一生懸命がんばったり、授業で新しい知識を学んだり、たくさんの出来事があったと思います。

楽しかったこと、うれしかったことも多かったでしょう。でも、もしかしたら悔しい思いをしたり、辛い出来事もあったかもしれません。

しかし、よくない思い出も、考え方次第でよい思い出に変えることができますよ。

例えば、テストで思うような点数が取れなかったことがあったとしても、その経験が次の努力につながったり、もっとがんばるきっかけになったりしたのではないでしょうか。

また、友だちとけんかしてしまったことがあっても、その後に仲直りをして、けんかをする前より、かえって深い友情を築くことができたということもあるでしょう。

こんなふうに、**それだけを取り上げればよくない思い出であっても、何かのよい思い出につなげることで、結果的によい思い出にすることができる**ものです。

□ねらい

1年をポジティブなイメージで振り返らせる。

■ポイント

よくないことがあってしょげている生徒をいたわるような気持ちで語ります。

December 12

作家の木下晴弘さんという方のお話です。

クリスマスに我が子にプレゼントしたおもちゃが故障していました。

お店に電話するとメーカーに連絡してくれとのことです。

しかし、メーカーに何度電話してもつながらず、子どもは泣き出してしまいました。

木下さんはふとあることを思いつき、もう一度お店に電話をします。そして、「修理はもういい、ただ私はお店から、ものではなく夢と感動を買ったことをわかってください」と伝えたそうです。

すると、店員さんが何時間もかけて同じものを探し、夜の9時にサンタクロースのかっこうで届けに来てくれたそうです。

悲しい思い出になるところが、かえってすばらしい思い出になったのです。


どんな出来事も、自分の成長につながる大切な経験になります。

ですから、もし悪いイメージの思い出を抱えている人は、「よい思い出に変えてみよう」という気持ちで振り返ってみてください。

悔しい思い出や辛い経験も、自分を成長させるためのステップだと考えれば、きっと前向きな気持ちになれるはずです。

■ポイント
そのままにしないで、考え方を変えてみることが伝わるよう、強調して語ります。

【参考文献】
・木下晴弘『ココロでわかれば、人は〝本気〟で走り出す!』(ごま書房新社)

1年の締め括り

やり抜くことで自信をつける

いつの間にか12月になり、今年もあと少しになりましたね。

この1年をしっかり締め括る大切な時期になりました。

ところで、1年を締め括るとはどういうことなのでしょうか。

1つは「今年を振り返ること」ですね。今年のはじめに立てた目標や、1年間の出来事を振り返ってみましょう。よかったことや反省すべきことを書き出してみるといいかもしれません。達成した目標があれば、自分をほめて達成感を味わうのもいいですね。

もう1つは「来年の計画を立てること」です。12月は、来年の目標や計画を考えるのにもぴったりな時期です。今年の経験を基に、新しい目標を設定してみましょう。どんなことに挑戦したいのかを考えると、年末の時間が有意義になります。

そして、最も大切なのが「最後までやり抜くこと」です。年末に近づくと、気持ちがゆるんでしまい、「もうやらなくてもいいか」と思ってしまいがちです。しかし、ここでしっかり最後までやり抜くことが来年の自分に大きな影響を与えます。

□**ねらい**

1年の締め括りとして最後までやり抜くことを意識させる。

■**ポイント**

「もうやらなくてもいいか」と思う生徒は多いので、強調して語ります。

どんな小さなことでも、しっかりと最後までやり抜くことで、自信がつきますし、成長にもつながります。

皆さんもよく知っている野口英世が、麻痺狂病原体を発見したときの話ですが、英世は1万枚の脳の顕微鏡標本をつくったそうです。

200枚を1組として50組です。これを2人の助手が検査し、その後英世が検査しました。

しかし、検査しても検査しても、病原体は見つかりませんでした。英世は助手が検査した最後の1組を家に持ち帰り、夜を徹してさらに検査しました。そして、ついに9995枚目の標本に病原体を発見したのです。

1万枚もの標本を1枚残らず、最後の最後まで検査したというところが、野口英世のすごいところです。

これが、最後までやり抜くということです。

なんとなく、「もう終わりだ」という気分になりがちなこの時期ですが、最後までやり抜くということを忘れずに、年末の時間を有意義に過ごしてください。

来年に向けてよいスタートが切れるよう、残りの時間を大切にしていきましょう。

■ポイント

野口英世の偉業がよく伝わるよう、噛んで含めるように語ります。

【参考文献】

・藤尾秀昭『小さな人生論』（致知出版社）

伝統文化

伝統や文化に触れる

冬休みが近づいてくるこの時期は、クリスマスやお正月など、特別な行事が目白押しですね。

そうしたイベントを楽しみにしている人も多いことでしょう。

年末年始の行事は、伝統や文化と関係していることが多いですね。

普段はなかなか触れる機会がないと思いますので、この時期に日本の伝統や文化に触れるのもよいことではないかと思います。

伝統や文化には、私たちが忘れかけている大切な価値観や教えが詰まっています。例えば、お正月の初詣では新しい年の無事を祈りますが、これは感謝の気持ちを表すよい機会でもあります。

さらに、伝統的な文化や技術には、その土地ならではの知恵や工夫が込められています。例えば、和紙づくりや茶道、華道など、日本の伝統文化には、美しいだけでなく、心を豊かにする力があります。

□**ねらい**

日本の伝統や文化に目を向けさせる。

■**ポイント**

日本の伝統文化への関心を高めるのは大事なことだという思いで語ります。

伝統を学ぶことで、私たち自身のルーツを知り、より深く自分自身を理解することもできますね。

これは、熊本でからし蓮根を製造販売している「森からし蓮根」というお店の話ですが、ある年、別の会社が製造販売したからし蓮根が原因で食中毒が発生し、からし蓮根がまったく売れなくなったそうです。

おかみさんは、別の商品を販売してはどうかとご主人に相談すると、ものすごく叱られてしまいます。ご主人は、江戸時代からからし蓮根をつくり続けてきた伝統に誇りをもち、大ピンチにも少しも動じなかったのです。やがて、売り上げは少しずつ回復し、森からし蓮根は全国に広まっていきました。

伝統は、それを守り伝える人がいて伝統になります。

また、**守り伝えようとする気持ちが誇りとなって、守り伝える人の力にもなっていく**のです。

これからの皆さんも、ぜひこうした伝統や文化に触れる機会を増やしてほしいと思います。年末年始のこの時期、地域の行事や家族の伝統にも目を向けてみてください。そして、自分なりの楽しみ方を見つけてみましょう。

■ポイント

からし蓮根について解説し、伝統を守るご主人の気持ちを代弁するように語ります。

【参考文献】

・森裕子『のれんに咲顔さかせたい 老舗おかみの泣き笑い人生』(文芸社)

健康管理、習慣化

楽しいことは習慣化できる

寒さが本格的になって、風邪やインフルエンザが流行しやすい季節になりましたね。

今日は、風邪やインフルエンザにかからないためにどうすればよいかについて、考えてみましょう。

まず、皆さんもよく知っているように、一番大切なのは、手洗いとうがいですね。外から帰ったら、必ず石けんを使ってしっかり手を洗い、うがいもしましょう。

それから、マスクの着用も大切です。マスクでウイルスの侵入を防ぐことができます。

さらに、十分な睡眠とバランスのとれた食事で、免疫力を高めるといいですね。

ところで、これらの予防法が有効なのはわかっていても、実際には面倒になってなかなかできないことが多いのではないでしょうか。

そこで、どうすれば習慣化できるか、ヒントを出しましょう。

それは、うがいや手洗いをやっているときに「楽しい」という気分になることです。

でも、楽しい気分になりたいからといって、都合よくなれませんよね。

□**ねらい**

風邪の予防は習慣化することが大事であることを伝える。

■**ポイント**

最近の欠席状況などを述べて、関心を高めるのもよいでしょう。

December 12

そんなときには、うそでもいいから「楽しい！」と言いながらやってみると、楽しい気分になるのだそうです。

これは、カナダにあるケープ・ブレトン大学のスチュワート・マッカンの研究だそうですが、ツイッター（現在のX）への書き込みを分析した結果、ハッピーな言葉をつぶやく人の方が不満を感じにくくなることを明らかにしたそうです。

これは、どんな言葉を口にするかが、私たちの心理に影響するということです。うそでも楽しそうな言葉をつぶやいた方が、習慣化しやすいそうです。

皆さんも、手を洗いながら「これ、楽しいなぁ！」と言ったり、うがいをしてから「あぁ、楽しかった！」と言ったりしてみるといいかもしれませんね。

冬休みの期間を有意義に過ごすためにも、今日お話しした予防方法を実践し、健康を保ちましょう。

そして、冬休み中にも新しいことに挑戦したり、好きなことに時間を使ったりして、楽しい思い出をつくってください。

■**ポイント**
語りながら、実際に生徒にハッピーな言葉をつぶやかせてもよいでしょう。

【参考文献】
・内藤誼人『「習慣化」できる人だけがうまくいく。』（総合法令出版）

お年玉はご褒美

間もなく冬休みですね。少し長い休みですから、楽しく過ごすためにはいくつか気をつけるべきことがあります。

特に、冬休みはお金についてのトラブルが起こりやすい時期ですから、今日はお年玉の使い方について考えてみましょう。

まず、お年玉はむだづかいをしないことが大切です。お年玉をどう使うかは、賢くお金を管理する大切な機会です。使い道をじっくり考えることが重要です。

次に、むだづかいをしないこととも関係しますが、計画的に使うことが大切です。お年玉をもらったら、まず「何に使いたいのか」をじっくりと考えてみましょう。例えば、お年玉をいくつかに分けて保管し、必要なときに使うようにすることで、むだづかいも防げます。

最後に、お年玉は何かをがんばったご褒美と考えるとよいでしょう。皆さんは、何も苦労せずにお年玉をもらうので、お金の大切さが実感しにくいと思います。そこで、お年玉

□**ねらい**

無駄づかいを戒め、お金の使い方を考えさせる。

■**ポイント**

金銭のトラブルが増える時期なので、戒めるように語ります。

をもらったら親に預けるか貯金してしまい、勉強をがんばったり、部活動をがんばったり、家の手伝いをがんばったりしたときに、自分へのご褒美としていくらか使うようにするのです。こうすることで、お金の大切さや使い方を学ぶことができます。

これは二宮尊徳が下男に話して聞かせた話ですが、尊徳が若いころ、自分の家の鍬が壊れてしまったので、隣に借りに行ったところ、自分の畑で使うところだから、終わるまで貸せないと言われました。

そこで尊徳は、「では、私がその畑を耕し、種も蒔きましょう」と言って作業したところ、隣の人は大変喜んで、鍬でも何でも足りないものはいつでも貸すよと言ってくれたそうです。

お年玉は、この話で鍬を借りることと同じです。

尊徳は、何もせずにただ貸してもらうのではなく、畑を耕し種を蒔いた報酬として鍬を貸してもらおうとしたのですね。

皆さんも、**お年玉は何かのご褒美だと考えて、まず何かがんばってから使うようにしてみましょう。**

冬休みには伝統的な行事がたくさん体験できるので、そういったものにも進んで参加して、有意義な冬休みにしてください。

■ポイント

二宮尊徳の像があれば、それを引き合いに出してもよいでしょう。

【参考文献】

・笠巻勝利『眼からウロコが落ちる本』（ＰＨＰ研究所）

目標

具体的な行動を目標に

新しい年が始まりました。

今年1年がどんな年になるか、楽しみですね。

年のはじめのこの時期は、新しい目標を立てるのにぴったりの時期です。皆さんにとって意義のある目標が立てられるといいですね。

ところで、目標は立てるだけでは不十分です。

完全に達成できなくても、ある程度は達成できることが重要です。達成できなければ、目標を立てる意味があまりありません。

目標を達成するためには、具体的な行動を目標にすることがおすすめです。

例えば、「勉強をがんばる」といった漠然とした目標ではなく、**「毎日30分、数学の問題を解く」といった具体的な行動**を目標に設定しましょう。そうすることで、目標がより現実的になり、達成しやすくなります。

また、具体的な行動を目標にすると、小さな成功体験を積み重ねることができます。こ

□**ねらい**

具体的な行動を目標にすることのよさに気づかせる。

■**ポイント**

具体的な行動を目標にするということを強調します。

January

1

れが自信につながり、さらに大きな目標に挑戦する意欲につながります。

これは、若いときに生命保険の代理店として独立した方の話ですが、独立してもなかなか契約が取れず、毎日不安でいっぱいだったそうです。

そんなとき、仕事の目的について真剣に考え、お客様に喜んでもらうことを目的としたそうです。そして「1日に3人の人に会って、その人を喜ばせる」という目標を立てました。契約よりも喜ばせることを優先したのです。

それを続けているうちに、全然関係のない人から連絡があって契約が取れたりすることが続いて、立派なセールスマンになれたそうです。

この方の目標は、1日3人の人に会うことと、その人を喜ばせることで、とても具体的ではないかと思います。何をするかがはっきりしていますね。

これから皆さんも新年、あるいは3学期の目標を考えることになると思いますが、自分が成長したい分野や挑戦したいことを具体的にイメージして、それを実現するために何をすればよいかを具体的な行動にしてみましょう。

そして、新しい目標に向かって、一歩ずつ前進していきましょう。

■ポイント
1日に3人の人に会うという点が具体的な行動目標になっていることを強調します。

【参考文献】
・ひすいこたろう、吉武大輔『パズるの法則　奇跡は常に2人以上』（大和書房）

入学（就職）試験

神頼み

皆さんは、「神頼み」という言葉を聞いたことがありますか。

「神頼み」という言葉の意味は、神様に祈って助けを求めることです。

よく「苦しいときの神頼み」といいますが、これは普段は神も仏も信じていない人が、困ったときにだけ、神や仏に祈って助けてもらおうとすることです。

3年生の皆さんは、これから入学（就職）試験の時期を迎えますが、今から「苦しいときの神頼み」と思っている人はいないでしょうか。

そのような消極的な気持ちで取り組んでいては、自分の力を伸ばすことは難しいと思います。

では、「神頼み」がまったくだめかというと、実はそういうわけでもありません。

「人事を尽くして天命を待つ」という言葉があります。

自分にできることをすべてやったうえで、結果は運命に任せる、という意味です。後は神様に祈ることしか残っていないくらいに努力を重ねることが前提です。

□**ねらい**

最後まで、できる限りの努力を重ねることの大切さを伝える。

■**ポイント**

3年生にとってデリケートな話題なので、特に真剣に話します。

これは京セラという大きな会社の専務取締役を務めた近藤徹さんという方のお話です。近藤さんがまだ若かったあるとき、大きな契約で短期間に大量の製品を納めることになったのですが、何をやってもうまく製品がつくれず、近藤さんは悔しくて涙を流していたそうです。

すると、そこへ社長の稲盛和夫さんがやってきて事情を聞き、一度でも神様に祈ったことはあったかを尋ねたそうです。近藤さんはこの言葉に目が覚め、あとは神様に祈るしかないくらいまですべてのことをやろうと決心し、困難を乗り切ったのです。

神様に祈るということを、自分ではそれほど努力をせずに、神様に頼って何とかしてもらおうとすることだと捉えると、自分の成長はあまりありません。

しかし、**後はもう神様に祈ることくらいしかやることがないほど、自分にできることは全部やるのだと考えて実行すれば、自分の成長につながります。**

入学試験までの時間、「あとは神頼みだけだ」と思えるほど、最後の最後まで精一杯努力することを期待しています。

■**ポイント**

神様に祈ること以外は全部やってみる、ということが伝わるように語ります。

【参考文献】

・稲盛ライブラリー＋講談社「稲盛和夫プロジェクト」共同チーム『熱くなれ　稲盛和夫　魂の瞬間』（講談社）

目標

立派な人を目指して行動する

新しい年が始まりました。1月は、新しい目標を立てると同時に、これまでのことを振り返って、これからの自分の生活について考えるよい機会です。

そこで今日は、改めて自分の生活を振り返って見直してみましょう。

例えば、皆さんは、本当に必要なことや、大切にしたいことに時間を使っているでしょうか。

また、自分に与えられた役割や責任を誠実に果たしているでしょうか。

家族や友だちに思いやりの気持ちをもって接しているでしょうか。

つまり、人として立派な行動ができていますか。

皆さんの中には、「立派な行動をしよう」などと言われると、何だか白けてしまって、鼻で笑ってしまうような気分になる人がいるかもしれません。

しかし、**その行動が人として立派かどうかということは、行動の1つの規準として大きな意味をもっている**のではないかと思います。

□**ねらい**

新年にあたって生活を見直させ、自分自身の在り方について考えさせる。

■**ポイント**

「誠実」「立派な」という部分を強調して語ります。

January 1

立派な人として行動できているかを振り返ってみるのも、決してむだなことではないと思います。

これは、かつてボクシングの世界チャンピオンだった、ガッツ石松さんという方のお話です。

ガッツさんは中学を卒業して東京に働きに出ますが、挫折して故郷に帰ります。しかし、もう一度挑戦しようとして再び上京します。

その日の朝、早朝から工事現場の仕事に出ている母親に、もう一度東京へ行くと告げました。それを聞いた母親は涙を流し、偉くならなくてもいいから立派な人間になれと、ガッツさんに言ったそうです。ガッツさんはその言葉とそのときもらった千円札を大切にしているそうです。

ガッツさんのお母さんは、人としてはずかしくない生き方をするようにという意味で、立派な人間になれと言ったのではないでしょうか。

皆さんは、これからも、どのような行動をすればよいのか判断に迷うときがあると思います。そんなときは、立派な人を目指して行動してみてください。**それがきっと皆さんの成長を促してくれる**と思います。

どうぞ立派な人になってください。

■**ポイント**

お母さんが工事現場で仕事をして生計を支えていたことに触れてもよいでしょう。

【参考文献】

・『致知』2005年5月号（致知出版社）

時間の使い方、締切感覚

締切を守るコツ

皆さん、いよいよ1月になりましたね。特に受験生の皆さんにとって、この時期はとても重要です。時間の使い方が大きく結果に影響することを覚えておいてください。

そこで今日は、「時間を大切にすること」について一緒に考えてみましょう。

まず、皆さんは1日にどれくらいの時間を有効に使えているでしょうか。

例えば、学校の授業が終わった後、何をして過ごしていますか。スマホやゲームに夢中になっていませんか。

リラックスの時間も必要ですが、時間は無限ではありません。今の時期は少し意識を変えてみましょう。

また、「時間を大切にする」とは、勉強以外の睡眠や食事、運動などの時間をきちんと確保することでもあります。それによって体調を整えることができます。

さらに、もう1つ大切なのは「締切感覚」をもつことです。

例えば、**「今日中にこの範囲を終わらせる」「1週間でこの問題集を仕上げる」**などと、

□ねらい

時間は待ってくれないということに気づかせる。

■ポイント

時間に対してルーズになっている気持ちを引き締めるような口調で語ります。

January 1

自分で小さな締切を設定することで、計画的に勉強が進み、焦らずに受験に臨むことができます。

ブックライターの上阪徹さんは、非常にたくさんの書いたり話したりする仕事をしていますが、今までに一度も締切を破ったことがないそうです。

上阪さんは、月に1冊の本を書き、雑誌に記事を連載し、ウェブサイトでも著名人のインタビュー記事を書いたりしています。

これだけの仕事の締切を守るコツは、メモだそうです。

上阪さんは、とにかくなんでもメモをするそうです。なぜなら、忘れてしまうからです。目的や内容や締切日などの他に、思いついた用事などもすぐにメモするのだそうです。

忙しくなると、予定や用事を忘れてしまうことが多くなります。すると、締切を設定していても、締切が守れないことが増えてしまいます。そうならないように、メモすることを心がけたいですね。

これからの数十日間、どのように時間を使うかで結果が大きく変わります。1日1日を大切にして、焦らず、着実に、目標に向かってがんばってください。

■ポイント

締切を守るコツがメモにあるという意外さを強調して語ります。

【参考文献】

・上阪徹『メモ活』（学研プラス）

当番、係活動

自分の得意を生かせる場は必ずある

3学期になり、またいつもの日常が戻ってきていますね。

そんな日常生活に不可欠なのが、皆さんの当番や係活動です。

今日は、改めて当番や係活動について考えてみたいと思います。

掃除当番や給食当番、係の仕事や委員会の仕事など、新年を迎えても毎日やることがたくさんあると思います。

そこで、せっかく新しい年を迎えたのですから、少し新しい気分でそれらの活動に取り組んでみることをおすすめします。

具体的には、それらの活動に、自分の得意なことを積極的に生かしてみましょう。

例えば、整理整頓が得意な人は道具の整頓をする、チームをまとめるのが上手な人はリーダーシップを発揮してみんなを引っ張っていく、絵が得意な人は掲示物をつくる、といった形でそれぞれの得意を生かすことができます。

「自分にはそのように目立って得意なことはない」という人でも大丈夫です。例えば、

□ねらい

自分の得意を生かして当番や係活動に取り組むことの大切さを伝える。

■ポイント

1月を迎えて新進の気分が伝わるよう溌剌として語ります。

January 1

指示されたことを黙々と続けられる、といったことも大変立派で、当番や係活動では大いに役立ちます。

これは、「佰食屋（ひゃくしょくや）」という定食屋さんのお話ですが、佰食屋さんでは、3種類の定食しかありませんし、1日百食しか出さないそうです。ですから、新しいアイデアを考えたり、もっとたくさん売れる方法を考えたりする人は、必要ないのだそうです。また、メニューが少ないので、すぐに仕事を覚えることができます。ですから、佰食屋さんでは、言われたことを真面目に黙々とやる人を採用しているのだそうです。

このようなことを「適材適所」と言います。**その人の得意なことが生かせる場が、必ずあるもの**です。

当番や係活動に限らず、それぞれが自分の得意を生かすことで、クラス全体がもっと活気づき、楽しい雰囲気になると思います。

お互いの得意を認め合い、助け合うことで、クラスの絆も深まるでしょう。

新しい年の始まりは、新たな挑戦をする大変よい機会です。これからの当番、係活動で自分の得意なことを生かしてみてください。

■ポイント

だれにでも自分のよさが生きる場所があるということを生徒に伝える気持ちで語ります。

【参考文献】

・中村朱美『売上を、減らそう。たどりついたのは業績至上主義からの解放』（ライツ社）

食育

好きなものばかり食べない

新しい年が始まり、皆さんもお正月を楽しんだことと思います。お正月は特別な料理やお菓子をたくさん食べる機会があったのではないでしょうか。

そこで今日は、改めて、食べることについて考えてみたいと思います。

私たちが毎日とっている食事は、体や心の健康に大きな影響を与えています。特に成長期である皆さんにとって、食事はとても重要ですね。

食事の基本は、よく言われますが、バランスよく食べることです。

ご飯やパンなどの主食になる炭水化物、肉や魚、大豆製品などのたんぱく質、ビタミンやミネラルを含む野菜や果物、それに脂質をバランスよくとることで、健康的な体を維持することができます。

そのためには、好き嫌いなく食べることが大切ですが、**嫌いなものも食べるということは意識しても、好きなものばかり食べないということは意外と忘れがち**です。好きなものばかり食べていると、栄養バランスが偏ってしまいますので気をつけましょう。

□**ねらい**
自分の食習慣について考えさせる。

■**ポイント**
給食週間も近いので、関連させて語るのもよいでしょう。

January
1

テニスで世界ランキング1位に何度もなっているジョコビッチ選手には、若いころ、ある欠点がありました。重要な場面で体調を崩して棄権してしまうのです。

あるとき、彼の試合を見ていた栄養学者が、原因は食べ物ではないかと考えました。そして検査の結果、彼にパン、チーズ、トマトへの不耐症があることをつきとめ、それを食べないように言ったそうです。

ジョコビッチ選手の両親はピザ屋で、パン生地やチーズ、トマトを使うピザが大好きだったのです。でも、食べないようになってから体調は抜群によくなり、世界ランキング1位になったそうです。

皆さんも、自分の食生活を見直し、より健康的な食事を選ぶことを心がけてほしいと思います。家庭での食事や給食のときに気を配ったり、自分で料理に挑戦してみるのもよい経験です。

健康な体で新しい年を元気に過ごすために、食事を大切にしていきましょう。

■ポイント

だれにでも当てはまることではないということもつけ足しておくとよいでしょう。

【参考文献】

・ノバク・ジョコビッチ（タカ大丸翻訳）『ジョコビッチの生まれ変わる食事』（扶桑社）

進級

物事を新しい視点で見る

あと3か月でこの学年も終わりですね。

4月になって慌てないためにも、今から少しずつ新しい学年を意識して生活をしたいものです。

とはいうものの、新しい学年を意識するというのは、何をどうしたらよいかわかりにくいですよね。

そこで、1つの考え方ですが、今までとは違った新しい視点をもつことに挑戦してみてはどうでしょうか。

例えば、学校行事や部活動などに、今までと同じように取り組むのではなく、学年が1つ上がったと思って、上級生になったつもりで取り組んでみるのです。または、学級の代表になったとしたら…、部活動でキャプテンや部長になったとしたら…などと考えてみるのもよいでしょう。

今までとは違う視点から物事を見てみると、見えてくる景色が変わってきます。

□**ねらい**

新しい学年を少しずつ意識させる。

■**ポイント**

「新しい視点に挑戦する」ということを強調して語ります。

January 1

視点を変えてみることで、普段は気づかないような問題点や改善点が見えてくることもありますし、自分の新しい一面を発見することもできるのです。

これは、多くの時代劇映画で斬られる役を演じ、「日本一の斬られ役」「5万回斬られた男」などと呼ばれた、映画俳優の福本清三さんのお話です。

福本さんは大部屋俳優でしたが、あるとき、斬り方はあるが斬られ方はないと先輩に言われ、それなら「本気で斬られ役になろう」と思ったそうです。そして、先輩の斬られ方や洋画の撃たれ方などを研究し、独自の斬られ方を演じるようになります。それが時代劇ファンの間で話題になっていき、やがて、ハリウッド映画に出たり、テレビに出たりするようになったのです。

福本さんは、それまで誰も考えなかった「斬られ方」という視点から自分の演技を見つめることで、「日本一」と呼ばれるまでになったのですね。

このように、新しい視点をもつことで、今まで見えていなかったいろいろなことに気がつき、それが自分の成長につながることがあります。

来年度につながるこの時期に、新しい視点でこれまでの自分の行動や考え方を振り返り、新しい学年に向けて、自分の成長する方向を確かめてみてください。

■**ポイント**
福本さんの写真や映画のシーンがあると生徒の関心も高まるでしょう。

【参考文献】
・福本清三、小田豊二『どこかで誰かが見ていてくれる』（集英社）

先輩、後輩

待って認める

今年度も残り少なくなってきました。

4月になると、皆さんはそれぞれ学年が1つずつ上がって、後輩が増えることになりますね。

そこで今日は、後輩への接し方について考えてみたいと思います。

後輩への接し方にはいくつかのポイントがあります。

まず1つ目のポイントは、**親切に接する**ということです。部活動や生徒会活動で後輩が困っているときには、優しく声をかけて教えてあげることが大切です。

2つ目は、**よい手本になる**ということです。後輩は先輩の行動をよく見ています。集中して取り組む姿や、ルールを守っている姿を見せて手本となりましょう。

3つ目は、**後輩の意見も尊重する**ということです。後輩の意見や考えをしっかり聞くことで、後輩は自信をもって取り組むことができます。

最後に、**待って認める**ということも重要です。後輩が成長するには時間がかかります。

□**ねらい**

先輩として後輩にどう接するべきかについて考えさせる。

■**ポイント**

1年生にとってははじめての後輩なので、特に1年生に向けて語る気持ちをもちます。

February 2

努力する過程を見守り、成果を出せたときにはしっかりとほめてあげることが大切です。そうすることによって、後輩は自分の成長を実感し、さらにがんばろうという意欲が高まります。

これは、調理師専門学校の校長先生をしている、上神田梅雄さんという方の話ですが、上神田さんは料理の修行を始めた年齢が遅く、しかも不器用だったので、何とか早く腕を上げたいと思い、修行していた店であることをしたそうです。それは、鰻の入った桶から弱った鰻を取り出し、ぬめぬめした桶をたわしで洗う仕事です。それを進んでやったのです。そして、店に出せない弱った鰻をさばく練習を根気よく続けたそうです。

このおかげで、上神田さんは不器用な後輩がもたつく原因がわかり、もたついていても、待って上達を認めることの大切さがわかったと言います。

上神田さんには、後輩の気持ちが自分のことのように感じられたのでしょうね。

後輩たちとよい関係を築くことができれば、学校生活がもっと楽しくなり、それが皆さん自身の成長にもつながります。

先輩としてのふるまいを見直し、後輩にとってよいお手本になれるように心がけてみてください。

■ポイント

「待って上達を認めること」という点を強調して語ります。

【参考文献】

・上神田梅雄『人生で大切なことは、すべて厨房で学んだ』（現代書林）

勉強、学ぶことの意味

勉強する理由

皆さんの中には、「どうして勉強をしなければならないのだろう」という疑問をもっている人がいるかもしれませんね。

皆さんは、小学生のときからずっと勉強をしているわけですが、どうして勉強をしなければならないのでしょうか。

疑問をもったら、知っている人に尋ねたり調べたりするのもよい方法ですが、まず自分で考え、自分で答えを出してみることも大切です。

少し時間を取りますから、考えてみてください。

どうでしょう。自分なりの答えが出ましたか。

ここでは、1つの答えを紹介したいと思いますが、「これが唯一の正解」というものではありませんから、その点は注意してください。

落合陽一さんという、多方面で才能を発揮されている方がいます。

□**ねらい**
勉強することの意味を多面的に考えさせる。

■**ポイント**
まわりの生徒と少し話し合う時間を取ります。

February 2

その落合さんは、勉強をする理由を次のように言っています。

・勉強をする理由は方法を学ぶため
・内容より勉強を続けるということが重要
・教育には内容と訓練の2つの要素がある
・内容も大事だが訓練はもっと大事
・社会に出て新しいことを学ぶときに学校での訓練が生きる

皆さんは学校で、漢字の読み書きとか日本の歴史とか連立方程式の解き方とかを学びますね。それらは勉強の「内容」です。

でも、それらを学ぶと同時に、それをどうやって覚えるのか、どうやって調べるのか、どうやって考え、まとめるのかなどの方法の「訓練」もしているのです。

そして、社会に出てからはこの訓練がとても役に立つということですね。

こんなことも考えながら、毎日の授業にさらに真剣に取り組んでみてください。

■ポイント
理由を端的に紹介すると、生徒にも理解しやすいでしょう。

【参考文献】
・落合陽一『0才から100才まで学び続けなくてはならない時代を生きる　学ぶ人と育てる人のための教科書』（小学館）

日々の努力

今から少しずつ積み上げる

2月に入り、学年の終わりが近づいてきましたね。

今までの努力や経験を振り返る時期です。そして、次の学年に向けての準備を始める大切な時期でもあります。

そこで今日は、「来年につなげる」ということについて、皆さんと一緒に考えてみたいと思います。

皆さんは今年度、勉強や部活動、友だちとの時間など、たくさんの経験を積んできました。その経験を来年につなげるために、今からできることを少しずつ積み上げていきましょう。

例えば、テストの成績がよかったという人は、どうしてよかったのかを考えてみましょう。そして、さらにプラスするとすれば、何が考えられるかを今から意識しましょう。

また、部活動で思ったような成績が残せなかったという人は、その原因を考え、足りなかったことをプラスしていくようにすれば、来年はさらに成長することができると思いま

□**ねらい**
次年度に向けて積み上げ続けることを意識させる。

■**ポイント**
来年に向けて希望がもてるよう明るく語ります。

February 2

す。

ところで、今月はバレンタインデーがありますね。日本で最初にバレンタイン・フェアが行われたのは昭和33年、新宿の伊勢丹だったそうです。メリーチョコレートカムパニーという会社が始めました。

後にこの会社の社長になる原邦生さんが、パリに勤めていた先輩に聞いて始めたのですが、最初の年はチョコレート3枚とカード1枚しか売れなかったそうです。しかし、そこであきらめず、2年目はハート型のケース、3年目はその場で名前を入れるサービスなど、少しずつ工夫を積み上げていき、やがて皆さんも知っているように、大きなイベントになっていきました。

最初の年の売り上げはたった170円だったそうです。でも、原さんはそこであきらめず、できることを少しずつ積み上げていったわけですね。

このように、**少しずつでも積み上げていくことが、やがて大きな違いを生み出します。**皆さんの立場で考えてみると、毎日の小さな努力が、次の学年での成功や充実感につながるということです。

次の学年が始まるまでの時間を大切にし、少しでも積み上げることを意識して過ごしてみましょう。そして、来年もさらに充実した学校生活を送りましょう。

■ポイント

生徒にとっても身近なイベントなので、明るく語ります。

【参考文献】

・原邦生『社長は親になれ!』(日本実業出版社)

友人関係

相手のよいところを積極的に見る

今の学級で生活する時間も残り少なくなりました。残された時間を大切にするためにも、この時期に、改めて友人との関係について見直してみましょう。

そうすることで、友人との時間がさらに有意義なものになるはずです。

友人関係を見直す第1のポイントは**「コミュニケーションは十分か」**ということです。友だち同士でも、時には意見が違ったりすることがあるでしょう。でも、しっかりとしたコミュニケーションが取れていれば、トラブルも減り、理解し合うことができます。

第2のポイントは**「誠実に接しているか」**ということです。友人に対してうそをついたり、ごまかしたりすることはありませんか。お互いに誠実な態度で接することで、信頼関係はより強まり、困ったときや悩んだときにも助け合うことができます。

第3のポイントは**「相手のよいところを積極的に見ているか」**ということです。相手の欠点ばかりに目が向いていては、よい友人関係は築けません。友人のよいところを積極的

□**ねらい**

友人関係の在り方について改めて考えさせる。

■**ポイント**

ポイント一つひとつをゆっくり強調しながら語るようにします。

February 2

に見つけることで、お互いに気持ちよく過ごすことができます。

これは、外国のある部族の話ですが、けんかや盗みなど、部族の平和を乱すようなことをする人がいたとき、その悪いことをした人をぐるっと取り囲んで、あることをするそうです。

何をするのかというと、その人のおかげでみんながどれほど幸せを感じることができたかを言い合うのだそうです。小さいころかばってくれたとか、人助けをしてくれたとか、そういったことです。すると、その悪いことをした人は、みんなが話したようないい人に戻ろうとするのだそうです。

これなども、相手のよいところを積極的に見つけることが、お互いに気持ちよく過ごすうえで大きな力になる1つの例ではないでしょうか。

今日お話しした3つのポイント、

・コミュニケーションは十分か
・誠実に接しているか
・相手のよいところを積極的に見ているか

をもう一度見直してみてください。

そして、今日からの生活を、より楽しくより有意義なものとしていきましょう。

■ポイント

身振り手振りを交えてその場の様子がイメージできるように語ります。

【参考文献】

・本田晃一『半径3メートル以内を幸せにする』（きずな出版）

努力、定期テスト

努力しないで結果は出ない

間もなく、今年度最後の定期テストの時期ですね。

今年1年間の定期テストに対する取組を振り返って、反省点を生かし、満足できる準備ができるとよいですね。

そこで、今日は、今さらですが「努力をする」ということについて、改めて考えてみたいと思います。

皆さん、努力は必要だと思いますか。

また、努力には意味があると思いますか。

最近は、努力をするということに対して否定的な意見を述べる人も見られます。努力しなくてもうまくやることができるというのです。

確かに、世の中にはそのようにして成功している人もいるのかもしれません。しかし、多くの場合、努力は不可欠です。また、**「努力は必要ない」と言っている人の中にも、自分では努力と思っていないだけで、他の人が見ると立派な努力をしている人が少なくあり**

□**ねらい**

だれでも、よい成績を上げるには努力が不可欠であることを伝える。

■**ポイント**

「努力」は言い古された言葉ですが、気持ちを込めて強く語ります。

ません。

やはり、結果を出すには努力が必要で、定期テストももちろんそうです。

この話は「衆経撰雑譬喩」というお経にある話だそうですが、あるお金持ちが赤い真珠がほしくなり、3年計画でようやく手に入れます。

ところが、それを妬む仲間に、井戸に突き落とされて奪われてしまいます。何とか脱出して仲間のところへ行き、真珠を返してもらいました。

家に持ち帰ると、子どもたちが喜んでおもちゃにして遊び、だれかにその真珠はどこで手に入れたのかと聞かれると、台所のかめの中にあったんだよと答えたそうです。お金持ちは、真珠を手に入れる苦労を知らないから、そんなことを言うのだと笑ったそうです。

一見するとすいすいと楽そうに水面を進む水鳥も、水中では足で懸命に水を掻いているものです。

精進努力なしに、物事が成功することはないのです。

定期テストも、努力なくしてよい成績を上げることはできません。だれかが努力せずよい成績を上げていると思っていたのなら、それは先の話に出てきた子どもと同じで、**その人の努力が目に入っていないだけ**です。皆さんが、しっかりと目を見開いて、努力を積み上げられる人になることを期待します。

■**ポイント**

努力なしに成功することは多くありません。努力の大切さを真剣に語ります。

【参考文献】

・窪島一系『現代人のための仏教説話50』（佼成出版社）

復習、学習のまとめ

自分で自分を励ます

2月に入り、学年の終わりが近づいてきましたね。

学年の終わりに向けて、学習のまとめをしっかりと行い、次のステップに向けて準備を整えましょう。

今日は、学習のまとめを効果的に行うポイントをいくつかあげますので、参考にしてください。

まず、1年間に学んだ主な内容を箇条書きにしてみましょう。教科書の目次を見るとつくりやすいと思います。

次に、そのリストを見て、苦手な項目を選びます。項目が選べたら、それらをどの順番に復習するか、番号をつけましょう。

そして復習ですが、1つの教科や内容を長時間復習するよりも、20分程度の時間に区切って、教科や内容を変える方が集中力が持続します。1つの項目の復習が終わったら、問題集などでテストをすると、記憶に残りやすくなります。また、教科書や参考書を読むだ

□**ねらい**

1年間の学習のまとめを効果的に行うコツを伝える。

■**ポイント**

教科書を数冊準備して、目次部分を開いていくつか読み上げてもよいでしょう。

February 2

けでなく、ノートに書き写したり、図にしてまとめたり、声に出して読みながら書いたりするとより効果的です。
ところで、計画は立ててみたものの、いざそれを実行するとなると難しいものですね。そんなときには、自分で自分に声をかけて励ましてやると効果的ですから、ぜひ試してみてください。

これは、元テニスプレーヤーの松岡修造さんが、天才ゴルファーと言われたタイガー・ウッズという人と一緒にゴルフをしたときの話ですが、タイガーはプレー中、何度も自分に声をかけるのだそうです。
よい球を打つと「ナイスショット！」とほめ、ミスをすると「ネクストタイム！」と自分を励ますのです。そうやって、常に自分に言葉をかけて、自分で自分を盛り上げていくのだそうです。

天才ゴルファーが使っている方法ですから、きっと効果があるのだと思います。皆さんも、復習をしながら集中できないときには、**「集中だ！」「がんばれ！」「あと10分！」などと、自分で自分に声をかけてみる**といいですよ。
皆さんが1年間のまとめをしっかりと行うことで、次のステップに向けて自信をもって進むことができることを期待しています。

■ポイント
タイガー・ウッズの功績をいくつか紹介すると、生徒の関心も高まるでしょう。

【参考文献】
・松岡修造『本気になればすべてが変わる』（文藝春秋）

思い出、経験

モノよりコトを大切に

皆さんは、今までに学校や学級でどんな思い出をつくりましたか。

家族や友だちと過ごした楽しい時間、部活動の練習や対外試合、学校行事での体験などが思い出として残っていると思います。

改めて考えてみると、これらの思い出は、何か特別な「モノ」ではなく、その時々の「コト」、つまり経験や出来事ではないでしょうか。

「モノよりコトを大切に」といわれることがありますが、これは、**ものを持っていることよりも、そのものに関わってどんな経験をしたかを大切にする**という意味です。

例えば、新しいスマホを手に入れたとしても、そのスマホ自体に価値があるのではなく、友だちとやりとりをしたり、写真や動画を撮ったりと、そのスマホを使ってなされる経験や出来事に価値があるということです。

これからの時間をどう過ごすかを考えたとき、ぜひたくさんの「コト」を大切にしてみてください。友だちと一緒に過ごす時間や、学校行事や部活動での経験、何気ない日常の

□**ねらい**

モノではなくコト、つまり経験や出来事を大切にすることを呼びかける。

■**ポイント**

モノも大切にする必要があることをどこかでつけ加えます。

February 2

中での出来事などを、思い出として心に刻んでほしいと思います。

これは、大阪にある飲食店のお話ですが、そのお店と似たような名前のお店が近所にあるそうです。

近所のお店では、無料ドリンク券をときどき配っていて、そのドリンク券を持ったお客さんが、たまにお店に来るそうです。最初はお店が違うことを説明して断っていたのですが、あまりに多いので、ついに店長が「うちでも使えます」と、よそのお店のドリンク券を自分のお店でも使えることにしてしまったそうです。その理由は、お客さんにはずかしい思いをさせてはいけない、というものだったそうです。

このお話を聞いて、皆さんはどう思いますか。

サービスを経験した人の心の中には、無料のドリンクより、このような店長さんの心意気や行動の方がより深く刻まれるのではないでしょうか。

当たり前のことですが、過ぎた時間は戻ってきません。今この瞬間を大切にし、積極的にいろいろなことに挑戦して、たくさんの「コト」を心に刻んでください。

■ポイント

身近な無料券を例に出して、生徒の関心を高めてもよいでしょう。

【参考文献】

・水谷もりひと『仕事に〝磨き〟をかける教科書！』（ごま書房新社）

健康管理、基本的な生活習慣

基本的な習慣が大事

2月も半ばを過ぎ、寒さが一層厳しくなってきましたね。

この時期は体調を崩しやすいので、健康管理には十分気をつけてください。

さて、皆さんは「健康」というと、どんなことを思い浮かべますか。

食事、運動、睡眠などいろいろなことが思い浮かぶと思います。それぞれが健康に過ごすためにとても大切なことですね。

食事は、体をつくったりエネルギーの源になったりしますから、バランスのとれた食事を心がけることが大事です。規則正しい時間に食事をとることも大切ですね。

また、毎日少しでも体を動かすことも大切です。勉強やゲームの合間にストレッチをしたり、スポーツを楽しんだりして、体をリフレッシュさせましょう。

そして、睡眠も忘れてはいけません。寝不足は集中力を低下させ、体調不良の原因にもなりますから、しっかり休むことを心がけましょう。

□ねらい

元気に過ごすためには基本的な生活習慣の維持が何より大事であることに気づかせる。

■ポイント

食事、運動、睡眠の3語を掲示したりして強調します。

ところで、このようなことは何も特別なことではありません。**基本的なことを毎日の習慣にしていくことが、健康に過ごす秘訣**だといってよいと思います。

皆さんもよく知っている徳川家康は、江戸時代にしてはかなり長生きで、73歳まで生きました。それは普段から健康に気をつけていたからです。

まず、家康はよく歯を磨いていたので、しっかり食べることができたそうです。

また、鷹狩りや水泳が趣味で、70歳を過ぎても鷹狩りをしていたそうです。

さらに、贅沢を控え、ごちそうはたまにしか食べず、麦飯を好んで食べていたということです。

このように、家康も毎日の習慣によって、健康な体を維持していたと言えるのではないかと思います。

皆さんも、厳しい寒さの中でも元気に過ごすことができるように、もう一度毎日の生活を見直してみましょう。

そして、健康につながる習慣を改めて意識して、真剣に取り組んでみてください。

残り少ない今年度を、最後まで元気に過ごしましょう。

■ポイント

徳川家康は生徒もよく知っていると思いますが、簡単に解説をしてもよいでしょう。

【参考文献】

・五百田達成『退屈な日常を変える偉人教室』(文響社)

感謝、進級・卒業

1日生きれば1日分の感謝

3月に入り、今年度も終わりに近づいてきましたね。

進級や卒業が見えてきたこの時期、振り返るとたくさんの出来事を思い出すでしょう。

今日は、そのような出来事を思い出しながら「感謝」について考えてみましょう。

皆さんは、感謝の気持ちをもつことがどんなに大切か、考えたことがありますか。

感謝とは、自分が受けた恩や親切に対して、心からの「ありがとう」を感じることです。日々の生活の中で、私たちはたくさんの人々に支えられています。例えば、毎日おいしいご飯をつくってくれる保護者の方、勉強を教えてくれる先生方、困ったときに助けてくれる友だちなど、まわりには感謝すべき人々がたくさんいます。

皆さんは普段、そういった人へのありがとうの気持ちを感じていますか。感謝の言葉を伝えていますか。

感謝の気持ちをもったり、感謝の言葉を伝えたりすることで、相手もうれしい気持ちになりますし、自分自身も心が温かくなり、前向きな気持ちになれます。

□**ねらい**

感謝の気持ちをもつことの大切さを伝える。

■**ポイント**

しっとりと言い聞かせるように語ります。

幕末の思想家である吉田松陰は、伊豆下田に停泊していたアメリカの軍艦に密航しようとして失敗し牢に入れられます。

牢に入れられた松陰は、牢番に「読む本がないので何か貸してほしい」と言い、驚かれたそうです。そして牢番は「どうせ重い刑を受けるのだから、何も牢の中で勉強しなくてもよいではないか」と言ったそうです。

すると松陰は「刑を受けるまではまだ時間がある。人は1日生きていれば、1日分は食べたり着たり住んだりする。だから、学問をしたり仕事をしたりして、天地万物の恩に報いなければならない」と言ったそうです。

このような状況にあっても感謝の心を忘れず、恩に報いようとすることで、松陰は自分自身を律し、さらに成長することができたのではないかと思います。

これから進級や卒業を迎える皆さんには、新しい環境や挑戦が待っています。新しい友だちや先生、そして新たな経験に対しても感謝の心をもつことで、皆さんの成長がさらに促されるでしょう。

ぜひ、感謝の気持ちを忘れずにもち続けてください。

■ポイント

吉田松陰のイラストなどを提示しながら、生徒の心に語りかけたいところです。

【参考文献】

・渡部昇一『人生を創る言葉』（致知出版社）

準備

準備万端整える

今年度も残り少なくなってきましたね。残り少ない毎日を、充実した毎日にしていきたいものです。

そこで今日は、「1日1日を大切にする」というテーマについて、皆さんと考えてみたいと思います。

まず、「1日1日を大切にする」とはどういうことなのでしょうか。

1日1日を大切にするとは、1日の時間を大切にすることです。皆さんは、毎日やるべきことがおおよそ決まっていると思いますが、それらを誠実に積み重ねていくということです。

また、友だちや家族など大切な人との触れ合いを大切にするということでもあります。毎日のコミュニケーションを大切にすることで、よりよい関係を築くことができます。

このように、**1日1日を大切にするためには、準備を整えて1日を迎えることが重要**です。その日にやるべきことの準備をしっかり整えておくことで、やるべきことをスムーズ

□**ねらい**
1日1日を大切にするには準備を整えることが重要であることに気づかせる。

■**ポイント**
残り少ない今年度を意識しながら、「1日1日」を強調して語ります。

に行うことができます。またそうすることで、やるべきことを確実に行い、必要な時間を確実に確保することができます。

これは、日本全国に美容店を展開する國分利治さんという方の話ですが、國分さんは19歳のときに上京し、25歳で経営者になるという夢をかなえようと美容店で住み込みで働きます。

美容師としての技術が未熟な國分さんは、休まず働き続けることを武器にします。だれよりも早くお店に出て、閉店後はだれにも頼まれないのにチラシを配り、1年に元日しか休まずに働き続け、5年後には17店舗を管理するマネージャーになりました。

國分さんがだれよりも早くお店に出るのは、意欲を示すということもあったと思いますが、その日の準備を確実にするための時間を確保するという意味もあったのではないでしょうか。早くお店に出ることで、その日1日の準備をしっかりすることができたのだと思います。

年度末のこの時期は、1日1日を大事にしようという意識が高まるときです。しかし、**1日1日を大事にするということは、本来、1年を通して意識するべきこと**です。毎日を大切にし、一歩一歩前に進むことで、自分自身をよりよく成長させることができます。がんばりましょう。

■ポイント

いかに毎日を大事にして働いたかということが伝わるように語ります。

【参考文献】

・國分利治『成功を引き寄せる　地道力』（扶桑社）

夢

夢をもつことで強い意志が生まれる

3月も終わりに近づき、卒業や進級の季節がやってきましたね。

皆さんは、これから新しい環境に進んでいくことになりますが、そのときに自分の夢をもっていることがどれだけ大事かということについて、一緒に考えてみましょう。

まず、夢というのは1つの目標でもありますから、夢をもつことで自分の成長を促すことができます。また、夢があることで、困難を乗り越える力がわいてきます。さらに、夢が他の人とのつながりを生むこともあるでしょう。

このように、夢をもつことには大きな意味がありますが、人は時には夢をあきらめてしまうことがあります。「自分には夢を実現する力がない」と、自分で自分の可能性に蓋をしてしまうのです。

しかし、夢をもつことで強い意志が生まれるのです。**強い意志が生まれれば努力を続けることもでき、まわりの人の協力も得られるでしょう。**ですから、皆さんには夢をあきらめないでいてほしいのです。

□ねらい

たとえ困難な状況でも夢をあきらめないことの大切さを伝える。

■ポイント

夢がテーマなので、生徒の夢を応援するような明るい口調で語ります。

これは、川畠成道さんというヴァイオリニストの方の話です。

川畠さんは小さいときに飲んだ薬の影響で難病に罹り、その後遺症で視力をほとんど失ってしまいますが、10歳のときからヴァイオリンを習い始めます。かなり遅いスタートであり、しかも楽譜が見えないし、病気の影響で指先も弱く、弦をうまく押さえられなかったそうです。

しかし、両親が模造紙に大きく楽譜を書き写したものを壁に貼り、厳しい練習を黙々とこなして、ついに一流の演奏家になりました。

この話からわかることは、困難を抱えていても、あきらめずに必死に取り組めば、夢を実現するチャンスがあるということではないでしょうか。

これから皆さんは、新しい学年や新しい環境での生活が始まります。そこでぜひ自分の夢を見つけて、その夢に向かって一歩一歩進んでいってください。

夢をもつことで、皆さんの未来はきっとすばらしいものになると思います。

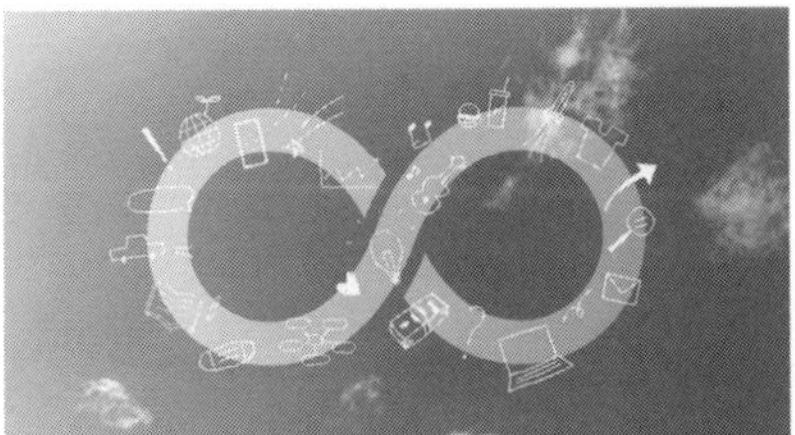

■ポイント

川畠さんが演奏している写真や動画があれば、見せながら語りたいところです。

【参考文献】

・川畠正雄『成道のアヴェ・マリア』（講談社）

才能、努力

努力が才能を開花させる

まもなく今年度も終わりですね。

1年間、様々な活動の様子を見せてもらってきましたが、皆さんにはたくさんの才能があると思いました。才能とは、自分が他の人よりも上手にできることや、他の人がもっていない特別な能力のことです。

例えば、ある人は絵をかくのがとても得意です。小さいころから絵をかくのが好きで、時間をかけて練習しました。その結果、今では多くの人に評価されるほどのすばらしい作品をつくることができています。

この話を聞いて、皆さんの中には「自分には特別な才能はない」と思っている人もいるかもしれません。しかし、実はだれでも何かしらの才能をもっています。**自分が興味をもっていることや、楽しんでやっていることに、才能のヒントが隠されているかもしれませんよ。**

ところで、才能はもっているだけでは意味がありません。それを活用することこそが大事なのです。

□**ねらい**

だれにでも何かしらの才能があることや才能を開花させるには努力が必要であることを伝える。

■**ポイント**

生徒に将来への希望を抱かせるような、晴れやかな口調で語ります。

そのためには、努力が必要です。

例えば、運動がすごく得意な人でも、プロの選手になるためには、たくさんのトレーニングが必要です。また、すばらしい音感をもった人でも、たくさんの練習を重ねなければ、優れた演奏者になることはできません。

これは、ロックミュージシャンで俳優でもある矢沢永吉さんの話ですが、矢沢さんはまだデビュー前のころ、自分の曲を売り込もうと、録音したテープを持ってレコード会社に行ったそうです。そして、自信満々で自作の曲を聴いてもらいましたが、あっさり断られてしまったそうです。

しかし、矢沢さんはそんなことではあきらめずに音楽活動を続け、やがて才能が花開き、ヒット曲を数多く生み出しています。

矢沢さんほどの才能をもち合わせている人でも、結果を出すための努力を続けないと、才能は花開かないということですね。

皆さんも、これからの生活の中で自分が得意なことを見つけ、結果を出すための努力をしてみましょう。毎日のちょっとした努力が、大きな成果につながります。自分が興味をもっていることに挑戦し、少しずつ成長していけるといいですね。

■ポイント

有名な矢沢さんのCMソングなどを流すと、生徒の関心が高まります。

【参考文献】

・別所謙一郎『才能のない人間が考えた才能を活かす10の方法』（WAVE出版）

愛校心

あるがままを愛する

もう間もなく今年度も終わりですね。

この1年間、皆さんはそれぞれの学級や部活動でいろいろな経験をしてきたことと思います。そういった経験ができたのも、この学校があったからこそですね。

そこで今日は、学校を愛する心、「愛校心」について考えてみたいと思います。

「学校を愛する」とは、わかりやすく言えば、自分の学校に対して誇りや感謝の気持ちをもち、大切にすること、愛着をもつことです。

例えば、学校の行事やイベントに積極的に参加することもその1つで、自分が関わることで学校がよりよい場所になります。

また、友だちや先生とよい関係を築くことも、愛校心を育むために大切です。よい関係を築くことで、学校がもっと楽しくなり、ますます愛着がわいてきますね。

ところで、皆さんの中には、学校のよくない部分が見えてしまって、学校を愛することができないと思う人がいるかもしれません。しかし、愛校心というのは、「あるがままを

□**ねらい**

あるがままの学校を愛することの大切さを伝える。

■**ポイント**

あるがまま、そのままを愛するという点を強調します。

愛する」ということがとても大事です。

確かに、学校には完璧ではない部分もあるでしょう。しかし、**愛校心というのは、完璧でないところも含めて、学校のすべてを愛するということ**です。それこそが本当の愛校心なのです。

これは、中国の古典で『韓非子』という書物の中に出てくる話で、夫が妻に新しい布を渡して、それで袴をつくってほしいと頼んだそうです。妻は夫に、どんな袴をつくればよいのかを尋ねました。すると夫は、今はいているのと同じ袴をつくってくれと言ったそうです。

そうしてでき上がった袴を夫が見ると、今はいている袴とまったく同じところに、つぎあてがされていたそうです。つぎあてというのは、服が破れたりしたところに別の布を縫いつけて補修することです。妻は、本来必要のないつぎあてを再現するほど、夫がはく袴、ひいては夫のことを大切にしたのですね。

このように、欠点も含めてあるがままに愛することが、本当に愛するということではないかと思います。皆さんには、この学校のよいところもそうでないところも、全部含めて愛してほしいと思います。

そして、できれば卒業後も、愛校心をもち続けてください。

■ポイント

一見すると笑い話のようですが、あるがままを大事にするという点を強調します。

【参考文献】

・ひろさちや『捨てちゃえ、捨てちゃえ』（ＰＨＰ研究所）

【著者紹介】

山中　伸之（やまなか　のぶゆき）

1958年栃木県生まれ。宇都宮大学教育学部卒業。現在栃木県公立小学校に勤務。

●研究分野

国語教育，道徳教育，学級経営，語りの教育

日本言語技術教育学会会員，日本群読教育の会常任委員

実感道徳研究会会長

●著書

『やさしい言葉が心に響く　小学校長のための珠玉の式辞＆講話集』『思春期の心に響く　中学・高等学校長のための珠玉の式辞＆講話集』『中学校教師のためのポジティブ言葉かけ大全』『クラスがみるみる落ち着く　1分間の「教室語り」100』（以上，明治図書），『キーワードでひく小学校通知表所見辞典』（さくら社），『話し下手でも大丈夫！教師のうまい話し方』（学陽書房）他多数。

エピソード・名言で綴る

中学・高等学校長講話100

2025年2月初版第1刷刊 ©著　者　山　中　伸　之

発行者　藤　原　光　政

発行所　明治図書出版株式会社

http://www.meijitosho.co.jp

（企画）矢口郁雄（校正）大内奈々子

〒114-0023　東京都北区滝野川7-46-1

振替00160-5-151318　電話03(5907)6701

ご注文窓口　電話03(5907)6668

＊検印省略　組版所　株　式　会　社　カ　シ　ヨ

Printed in Japan　ISBN978-4-18-001929-8

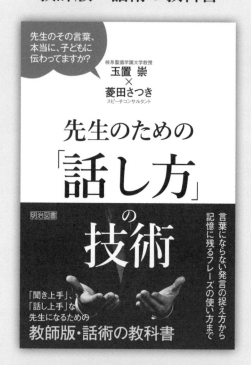